ABHANDLUNGEN

AUS DEM

STAATSWISSENSCHAFTLICHEN SEMINAR

ZU

STRASSBURG I. E.

HERAUSGEGEBEN

VON

G. F. KNAPP UND L. BRENTANO.

HEFT II.

Dr. jur. KARL KAERGER:

DIE LAGE DER HAUSWEBER IM WEILERTHAL.

STRASSBURG.
VERLAG VON KARL J. TRÜBNER.
1886.

DIE
LAGE DER HAUSWEBER
IM
WEILERTHAL

VON

KARL KAERGER
DR. JUR.

STRASSBURG.
KARL J. TRÜBNER.
1886.

G. Otte's Hof-Buchdruckerei in Darmstadt.

VORWORT.

Im Frühjahr des Jahres 1885 hatte ich Gelegenheit, die Verhältnisse der Weilerthaler Hausweberei kennen zu lernen. In den Monaten März und April habe ich sechs Wochen im Thale selbst zugebracht, habe sodann die Fabrikanten in Markirch, Rappoltsweiler und Leberau aufgesucht, und bin nach einer vorläufigen Ordnung des Materials kurz darauf noch einmal ein paar Tage ins Thal gegangen. Die Methode meiner Untersuchungen war folgende. Geführt von den Gemeindeboten habe ich jede einzelne Weberfamilie aufgesucht, ihre Häuslichkeit besichtigt und sie nach ihren Verhältnissen ausgefragt. Ich kam nicht mit einem fertigen Programme über den Umfang der Fragestellung hin; erst allmählich lernte ich erfassen, was man aus den Leuten Wissenswerthes herausfragen könne. Dies, sowie der Umstand, dass ich im Anfang einige Eigenthümlichkeiten in der Beantwortung der Fragen noch nicht kannte, veranlassten mich in den ersten vier Dörfern bei dem nochmaligen Besuch Nachlese zu halten.

Die Kenntniss allgemeiner Verhältnisse habe ich durch Befragung der Lehrer, Gemeindeboten und anderer ortskundiger Leute erlangt. Dieselben haben mir auch bei meinen Rundgängen ungemein viel zum Verständniss von

Personen und Verhältnissen verholfen, mit denen beiden sie sich in einer ganz hervorragenden Weise vertraut zeigten. Ihnen, sowie den Herren Bürgermeistern und vor allem dem Herrn Kreisdirektor in Schlettstadt, der in der zuvorkommendsten Weise mich bei meiner Arbeit mit Rath und That unterstützt hat, spreche ich hierdurch meinen wärmsten Dank aus.

Der Verfasser.

* * *

BEMERKUNG DES HERAUSGEBERS.

Der Verfasser, der schon Doctor iuris war, als er im Wintersemester 1883/84 in das Seminar eintrat, hat die vorliegende Arbeit nur aus Freude an der Sache unternommen. Er hat im Frühjahr 1886, kurz vor Beginn des Drucks, Europa verlassen und konnte daher die Correktur nicht selbst besorgen. Einige Unebenheiten, was die Ziffern betrifft, liessen sich leider nicht vermeiden, sind aber nicht von Bedeutung.

Strassburg i. E., 20. Juli 1886.

G. F. Knapp.

INHALT.

KAPITEL I.

DAS WEILERTHAL.

Dort wo der starke Bergstock der Hohkönigsburg seine bewaldeten Abhänge nach Norden hin abfallen lässt, treten zwei kleine Flüsse aus dem schönen Bergland der Vogesen in die Ebene hinaus, woselbst sie nach kurzem Lauf sich in die Ill, den Fluss, welcher in seiner ganzen Länge die gesegneten Fluren des Elsasses durchströmt, in der Nähe der Kreishauptstadt Schlettstadt ergiessen. Es sind dies die Leber, die dem Leberthal seinen Namen gibt, und der Giessen, der jenes Thal, das in der vorliegenden Untersuchung dem Leser vor Augen geführt werden soll, durchfliesst.

Diese beiden Thäler stossen an den Abhängen der Hohkönigsburg in spitzem Winkel auf einander. Das Leberthal zieht sich, wenden wir von dort unsern Blick vogesenwärts, nach Ostsüdost, das Weilerthal nach Nordwest.

Im Leberthal finden wir an dem Punkt des Zusammentreffens mit dem Weilerthal ein Dorf mit gleichem Namen. Es folgen die Ortschaften Wanzel, Leberau, Deutsch Rumbach, welches nicht wie die übrigen Orte in der Thalsohle, sondern seitwärts in den Bergen auf der Weilerthal - Seite liegt; darauf die kleinen Annexe Müsloch, Heiligkreuz (St. Croix) und Markirch (St. Marie aux Mines). Letztere Stadt von 11 524 Einwohnern (nach der Volkszählung von 1880) ist ein lebhafter Fabrikort, der Hauptsitz unserer Weilerthaler Weberindustrie.

Von dem Weilerthal wird das Leberthal durch einen niedrigen Bergrücken getrennt, der von zwei Wegen (der eine zwischen den Orten Gereuth im Weilerthal und Wanzel im Leberthal, der andere zwischen Breitenau dort und Deutsch Rumbach, beziehungsweise Leberau hier) durchschnitten wird.

Doch lassen wir jene Wege bei Seite liegen und kehren zu jener grossen Ausbreitung, in welche die beiden Thäler münden, zurück. Wir können dies thun, indem wir die von Schlettstadt nach Markirch führende Eisenbahn bis zur Station Weilerthal benutzen. Die Chaussee führt uns eine Zeit lang zwischen saftigen Wiesen in streng nördlicher Richtung hin, bis wir bei einer plötzlichen Wendung der Strasse nach Nordwest mit dem Orte Thannweiler das Weilerthal zum ersten Mal betreten.

Nachdem wir einen kleinen Abstecher auf der von Thannweiler aus in nördlicher Richtung zum Andlauer Thal führenden Strasse nach St. Petersholz und dem mit diesem zu einer Gemeindeverwaltung verbundenen, hoch auf dem Bergabhang gelegenen Hohwart gemacht haben, kehren wir auf dieser Landstrasse zurück und sehen uns in ein schmales, sanft ansteigendes Thal versetzt, dessen Sohle ausschliesslich mit Wiesen bedeckt ist, und dessen rechte Bergwand ziemlich steil abfällt, während die linke, südliche Wand sich so allmählich niedersenkt, dass auf ihrem Rücken drei Gemeinden ihren Sitz aufgeschlagen haben. Die Dörfer, denen wir auf unserem Wege begegnen, sind St. Moritz und Triembach, und die, welche wir auf der Höhe an der südlichen Seite liegen sehen, Gereuth, Diefenbach und Neukirch. Zwischen letzteren liegt das kleine Hirzelbach, das zum Theil Annex von Diefenbach, zum Theil Annex von Neukirch ist.

Unmittelbar nachdem wir die jene oberen Dörfer berührende Strasse auf die unsere haben einmünden sehen, betreten wir den Hauptort des Thales, die Stadt Weiler. Wie keine andere ist diese dazu geschaffen, in allen Beziehungen der Mittelpunkt des ganzen Lebens im Thale zu bilden. Gerade dort nämlich treffen zwei Arme, in welche sich das Thal spaltet, zusammen, und die Entfernungen von den äussersten Punkten derselben bis Weiler, sowie von dort nach dem Ausgangspunkte des Thales bei Thannweiler sind ungefähr die gleichen.

Das Thal bis zur Stadt Weiler wird gewöhnlich das vordere, die beiden von dort ausgehenden Arme das hintere Weilerthal genannt. Von diesen Armen folgt der eine ungefähr der bisherigen Richtung des Thales. Er enthält die Ortschaften St. Martin, Meisengott und Steige. Die Landstrasse, welche diese Orte verbindet, spaltet sich auf der niedrigen Berglehne, die das Thal begrenzt, in zwei Strassen, die beide nach dem Breuschthal, und zwar die eine über Breusch nach Saales, die andere nach St. Blaise führt.

Aehnlich wie im vorderen Thal St. Petersholz, so sind hier Erlenbach und Breitenbach an zwei auf die Landstrasse in nordsüdlicher Richtung aufstossenden Wegen, die beide zu dem bekannten Plateau des Hochfeldes hinaufleiten, gelegen. Der Weg nach Erlenbach zweigt von Weiler, der nach Breitenbach von St. Martin ab.

Der andere Arm des hinteren Thales führt in ostsüdöstlicher Richtung (also parallel dem Leberthal) und zieht noch oftmals in weitere Verzweigungen gespalten, schliesslich zu dem grossen Bergstock des Climont hin, während die Landstrasse diesen rechts liegen lassend, über die Grenze an den Orten Lubine, Colroy und einigen anderen vorbei nach St. Dié führt.

An der Stelle, wo dieser südöstliche Arm in das vordere Thal einmündet, findet sich eine grosse Ausbreitung, die ausser Wiesen auch Ackerland trägt, und in deren Mitte der Ort Bassenberg liegt. Der Giessen, der von dieser Seite herunterkommt, theilt auch hier die Thalorte in zwei Abtheilungen, in die Gemeinden der Thalsohle und die der linken Bergabhänge. Letztere sind Breitenau und Grube (Fouchy), die des Thales Laach und Urbeis, dieses an einer Wendung der Strasse nach Osten gelegen. Die genannten vier Orte sind nun ausgezeichnet durch die grosse Menge von Annexen, d. h. Ortschaften, die keine selbständige Gemeindeverwaltung haben, sondern vom Mutterdorf aus verwaltet werden. Diese Annexe liegen in den vielen Seitenthälern, die auf jenen südöstlichen Arm des Weilerthales ausmünden:

So gehört zu Breitenau die Annexe Kaltenbrunn (Froide-Fontaine); zu Grube: Noirceu, Rouhy, Schlingoutte und ein Theil von Schnarrupt; zu Laach Charbes mit Blanc noyer, zu Urbeis ein Theil von Schnarrupt und Weinberg oder Climont, am Fusse des Climontkegels auf einer an Alpenscenerien erinnernden Matte gelegen.

Ich halte es nunmehr für nöthig, einiges statistische Material über die einzelnen Ortschaften beizubringen, das zwar etwas trocken ausfallen wird, das aber für denjenigen, welchem im Laufe der Untersuchung der eine oder andere Ort besonders interessant erschienen ist, oder der die dortigen Verhältnisse genauer kennen lernen will, doch wichtig genug erscheinen wird. Wer letztere Absicht nicht hat, möge die folgenden Zeilen überschlagen.

1. Thannweiler

hat nach der Volkszählung von 1880 74 Häuser mit 82 Haushaltungen und 360 Seelen.

Einen wie grossen Procentsatz der Bevölkerung die Hausweber ausmachen, konnte genau nicht festgestellt werden, da die der allgemeinen Volkszählung entnommenen Zahlen aus dem Jahre 1880 stammen, die statistischen Daten über die Hausweber aber von mir erst $4^1/_4$ Jahr später gesammelt worden sind. Allein die Veränderungen in der Einwohnerzahl sind von Jahrfünft zu Jahrfünft so gering, dass die hierdurch entstehenden Fehler nicht sehr gross sein dürften.

In Thannweiler habe ich 27 Weberfamilien mit 153 Hausgenossen gefunden. Dies macht 32,9 % sämmtlicher Haushaltungen und 42,2 % aller Bewohner aus.

Im Weilerthal kommt es nicht selten vor, dass die Gemarkungen der Gemeinden, durch Bäche begrenzt, bis in ein anderes Dorf hineinreichen. Lassen sich auf dem dort befindlichen Theil Leute häuslich nieder, so gehören sie zwar ihren socialen Verhältnissen nach unbedingt zu den Gemeinden, bei welchen sie sich thatsächlich befinden, ihrer Verwaltung nach aber zu den Gemeinden, auf deren Gemarkung ihre Häuser stehen. Dies bringt manche Unzuträglichkeiten mit sich. Wäre man bei einer Arbeit wie die vorliegende ganz allein auf selbstgesammeltes Material angewiesen, so hätte man keinen Augenblick zu zweifeln, dass für die Frage der Zuzählung zu der einen oder anderen Gemeinde, die sociale und nicht die politische Zugehörigkeit zu entscheiden habe. Allein man ist vielfach genöthigt, amtliches Material hinzuzuziehen und mit dem selbstgesammelten zu vergleichen. Da jenes nun aber — wie nicht anders möglich — die politische Zugehörigkeit als ausschlaggebend für die in Rede stehende Frage behandelt, so sind wir gezwungen, das gleiche zu thun. Nur unter besonderen Umständen bin ich von dieser Regel abgewichen.

Auch die Gemarkung von Thannweiler erstreckt sich über deren natürliche Grenze hinaus, und die Gemeinde zählt sowohl in St. Moritz wie in St. Petersholz dort wohnende Leute zu ihren Mitbürgern.

Nach der Erhebung über die Bodenbenutzung in Elsass-Lothringen aus dem Jahre 1878, welche allerdings meistentheils nur auf Grund von Schätzungen ortskundiger Leute zusammengestellt sind, hat die Gemarkung von Thannweiler ein Gesammtareal von 202,74 ha. Hiervon entfallen auf

1. Acker- u. Gartenland	103,84 ha,	also	51,2 %	d. Gesammtfl.
2. Wiesen	40,43 „	„	19,9 „	„ „
3. Weinberge . . .	10,53 „	„	5,2 „	„ „
alle drei Kulturflächen	154,80 „	„	76,3 „	„ „
4. Forsten	29,64 „	„	14,6 „	„ „

Darnach kommt auf den Kopf der Bevölkerung eine Kulturfläche (Aecker, Wiesen und Weinberge zusammen) von 43 ar.

Die Vermögensverhältnisse der Gemeinde als Corporation sind folgende:

Die Gemeinde hat nur einen sehr kleinen Grundbesitz, nämlich 3,09 ha Ackerland. Nach dem mir vorliegenden Budget von 1883 war sie daher genöthigt, ausser den gewöhnlichen 3 % noch 54 % der Staatssteuern an Gemeindesteuern zu erheben. Die Einnahmen beliefen sich beim Abschluss des Rechnungsjahres 1883 auf 2881,60 Mk., die Ausgaben auf 2787,43 Mk.

2. St. Petersholz-Hohwart:

159 Häuser, 171 Haushaltungen, 790 Seelen. Anzahl der Weberfamilien 28 mit 134 Personen, also 16,4 % der Haushaltungen und 16,9 % der Bevölkerung.

St. Petersholz und Hohwart sind, wie aus den letzten Zahlen ersichtlich, nicht eigentlich Weberdörfer. Es sitzt hier vielmehr eine verhältnissmässig wohlhabende Bauernschaft. Merkwürdig, dass die wenigen Weber, ausser 5 Familien in Hohwart und einer auf einer Ferm, sich ausschliesslich auf einen vom eigentlichen Dorf St. Petersholz abseits gelegenen Winkel concentrirt haben.

Das Areal der Gemeinde beträgt 840,77 ha. Davon entfallen auf

1. Ackerland . .	529,00 ha,	also	62,9 %	d. Gesammtareals.
2. Wiesen . . .	40,43 „	„	12,0 „	„ „
3. Weinberge . .	91,00 „	„	10,8 „	„ „
alle 3 Kulturflächen	660,43 „	„	85,7 „	„ „
4. Weiden . . .	19,00 „	„	2,2 „	„ „
5. Forsten . . .	69,13 „	„	8,2 „	„ „

Auf den Kopf der Bevölkerung treffen 83,5 ar Kulturland; der höchste Betrag, der im Weilerthal erreicht wird.

Das Gemeindevermögen setzt sich wie folgt zusammen: Aecker 338,61 ha, Wiesen 101,65 ha, Wald 70 ha, Steuerzuschläge 28 % der Staatssteuern. Einnahmen 6981,97 Mk., Ausgaben 8005,44 Mk.

3. St. Moritz.

Es enthält 73 Häuser mit 79 Haushaltungen und 365 Bewohnern. Hiervon entfallen auf Weberfamilien 46, also 58,2 %, und auf die ganze Weberbevölkerung 215 Personen, also 58,8 % der Gesammtbevölkerung.

Das Areal der Gemeindegemarkung umfasst 148,26 ha. Hiervon entfallen auf

1. Ackerland . .	42,95 ha,	also	28,9 %	d. Gesammtareals.
2. Wiesen . . .	30,96 „	„	20,8 „	„ „
3. Weinberge . .	30,85 „	„	20,8 „	„ „
alle 3 Kulturflächen	104,76 „	„	70,5 „	„ „

4. Weiden . . .	11,51 ha,	also	7,0 %	d. Gesammtareals.
5. Forsten . . .	22,30 „	„	14,1 „	„ „

Demnach entfallen 28,7 ar Kulturfläche auf den Kopf der Bevölkerung.

Die Gemeinde besitzt 15 ha Acker. Die Steuerzuschläge belaufen sich auf 47 % der Personalsteuern. Das Budget weist an Einnahmen 4862,63 Mk., an Ausgaben 4836,51 Mark auf.

4. Triembach.

115 Häuser, 125 Haushaltungen, 548 Seelen. Davon 26 Weberfamilien mit 133 Personen, also 20,8 resp. 24,2 % der Einwohnerschaft.

Das Gesammtareal der Gemarkung beläuft sich auf 290,99 ha. Hiervon entfallen auf

1. Ackerland . .	36,93 ha,	also	12,6 %	d. Gesammtareals.
2. Wiesen . . .	40,51 „	„	13,9 „	„ „
3. Weinberge . .	68,57 „	„	23,5 „	„ „
alle 3 Kulturflächen	146,01 „	„	50,1 „	„ „
3. Weiden . . .	57,98 „	„	19,9 „	„ „
4. Forsten . . .	64,37 „	„	22,1 „	„ „

Auf den Kopf der Bevölkerung entfallen demgemäss 26,6 ar, nächst dem Betrage in der Stadt Weiler der niedrigste des Thales.

Die Gemeinde besitzt 83,71 ha Wald, 2,78 ha Acker, 50,58 ha Krüter,[1] 1,06 Wiesen. Die Steuerzuschläge betragen 13 %. Die Einnahmen beziffern sich auf 7548.89 Mk., die Ausgaben auf 6945,26 Mk.

5. Gereuth.

127 Häuser, 149 Haushaltungen, 689 Seelen. Davon 72 Weberhaushaltungen mit 356 Seelen, also 48,3 resp. 51,6 %.

Das Gesammtareal der Gemarkung beträgt 1237,26 ha. Davon entfallen auf

[1] Die Bedeutung derselben wird unten ausführlich erörtert werden.

1. Ackerland . .	172,56	ha,	also	13,9	%	d. Gesammtareals.
2. Wiesen . . .	83,60	„	„	6,7	„ „	„
3. Weinberge . .	24,49	„	„	1,9	„ „	„
alle 3 Kulturflächen	280,65	„	„	22,6	„ „	„
4. Weiden . . .	35,69	„	„	2,9	„ „	„
5. Forsten . . .	893,16	„	„	71,1	„ „	„

Es kommen demnach an Kulturfläche auf den Kopf der Bevölkerung 40,6 ar.

Gemeindegrundbesitz 39 ha Wald, 25 ha Acker. Steuerzuschläge 27 %. Einnahmen 5711,52 Mk., Ausg. 5729,42 Mk.

6. Diefenbach.

97 Häuser, 113 Haushaltungen, 499 Seelen. Davon 73 Weberfamilien mit 332 Seelen, das macht 64,6 resp. 65,2 %.

Das Gesammtareal der Gemarkung beträgt 312,20 ha. Davon entfallen auf

1. Ackerland . .	105,46	ha,	also	33,1	%	d. Gesammtareals.
2. Wiesen . . .	86,51	„	„	27,7	„ „	„
3. Weinberge . .	7,78	„	„	2,4	„ „	„
alle 3 Kulturflächen	199,75	„	„	63,1	„ „	„
4. Weiden . . .	10,00	„	„	3,2	„ „	„
5. Forsten . . .	78,76	„	„	25,2	„ „	„

Auf den Kopf der Bevölkerung treffen 40 ar.

Gemeindevermögen: Wald 25 ha, Acker 5 ha, Wiesen 0,35 ha, Weiden 4 ha. Steuerzuschläge 33 %. Einnahmen 4159,20 Mk., Ausgaben 4012,20 Mk.

7. Neukirch.

137 Häuser, 149 Haushaltungen, 690 Seelee. 95 Weberfamilien mit 463 Seelen, macht 63,7 resp. 67,1 %.

Gesammtareal 571,06 ha. Davon entfallen auf

1. Ackerland . .	313,27	ha,	also	54,8	%	d. Gesammtareals.
2. Wiesen . . .	131,90	„	„	23,1	„ „	„
3. Weinberge . .	41,38	„	„	7,0	„ „	„
alle 3 Kulturflächen	485,65	„	„	85,0	„ „	„

4. Weiden . . .	17,11 ha,	also 2,9 %	d. Gesammtareals.
5. Forsten . . .	38,73 „	„ 6,7 „	„ „

Auf den Kopf der Bevölkerung treffen 70,3 ar Kulturland.

Gemeindevermögen: 24,95 ha Wald, 15 ha Acker, 2 ar Weiden. Steuerzuschläge 39 %. Einnahmen 7347,34 Mk., Ausgaben 5424,99 Mk.

8. Weiler.

Der Kantonalhauptort Weiler ist seinem Charaker nach städtisch. Obwohl zwei Ortschaften, Steige und Breitenbach, ihn an Einwohnerzahl übertreffen, so finden wir doch dort ein völlig ländliches Wesen, hier aber den ausgeprägten Charakter einer deutschen Kleinstadt. So ist Weiler der Sitz einer Anzahl von Gewerben, die im übrigen Thale nicht vertreten sind. Die Bevölkerung wohnt dort nach städtischer Weise und liegt nur in geringem Umfange neben ihrer sonstigen Beschäftigung dem Landbau ob. Dazu kommt, dass Weiler der Sitz einer Anzahl von Behörden ist, deren Machtgebiet sich über den mit dem geographischen Begriff des Weilerthales zusammenfallenden Kanton Weiler erstreckt. So finden wir dort das Amtsgericht, den Polizeicommissar, die Steuereinnehmerei, das Enregistrement, die Oberförsterei und andere Behörden mehr. Jeden Mittwoch ist in Weiler Markt, auf welchem Naturprodukte und die am meisten gebrauchten Gewerbeprodukte, letztere meist von auswärts kommend, den Thalbewohnern zum Verkauf angeboten werden.

Weiler hat 188 Häuser, 277 Haushaltungen, 1089 Seelen. Weberfamilien sind hiervon 26 mit 92 Hausgenossen, also 9,3 resp. 8,4 %.

Das Gesammtareal beträgt 305,33 ha. Hiervon entfallen auf

1. Ackerland . .	87,73 ha,	also 28,7 %	d. Gesammtareals.
2. Wiesen . . .	75,00 „	„ 24,5 „	„ „
3. Weinberge . .	64,75 „	„ 21,2 „	„ „
alle 3 Kulturflächen	227,48 „	„ 74,5 „	„ „
4. Weiden . . .	5,00 „	„ 1,6 „	„ „
5. Forsten . . .	50,00 „	„ 19,6 „	„ „

Auf den Kopf der Bevölkerung entfallen 20,9 ar Kulturland. Auch in diesem geringen Betrag spricht sich der städtische Charakter des Ortes aus.

Gemeindevermögen: 45,07 ha Wald, 25 ha Acker, 2 ha Wiese. Steuerzuschläge 19 %. Einnahmen (incl. der Armenverwaltung) 11,640 Mk., Ausgaben (incl. der Armenverwaltung) 10 715,69 Mk.

9. Erlenbach.

190 Häuser, 202 Haushaltungen, 896 Seelen. Davon nur 9 Weberfamilien mit 38 Hausgenossen, also 4,7 resp. 4,2 der Bewohner. Die Weber sind in diesem, durch seine Rebbauern reichen Dorf von allen Ortschaften des Thales absolut und relativ am schwächsten vertreten.

Das Gesammtareal der Gemarkung beträgt 1108,39 ha. Davon entfallen auf

1. Ackerland . .	108,05 ha,	also	9,7 %	d. Gesammtareals.
2. Wiesen . . .	91,98 „	„	8,2 „ „	„
3. Weinberge . .	98,40 „	„	8,8 „ „	„
alle 3 Kulturflächen	298,43 „	„	26,8 „ „	„
4. Weiden . . .	417,06 „	„	37,6 „ „	„
5. Forsten . . .	372,57 „	„	33,6 „ „	„

Auf den Kopf der Bevölkerung kommen 33,3 ar Kulturland.

Gemeindevermögen: 127,13 ha Wald, 0,80 ha Wiesen, 218 ha Krüter; Waldungen nicht unter Forstverwaltung 33,58 ha. Einnahmen 8981 Mk., Ausgaben 9960,90 Mk.

10. St. Martin.

Häuser 87, Haushaltungen 105, Seelen 422. Weberfamilien 18 mit 85 Personen, also 17,4 resp. 20,1 % der Einwohnerschaft.

Das Gesammtareal der Gemarkung beträgt 408,30 ha. Davon entfallen auf

1. Ackerland . .	95,32 ha,	also	23,5 %	d. Gesammtareals.
2. Wiesen . . .	50,43 „	„	12,3 „ „	„

3. Weinberge . .	48,81 ha,	also 11,9 %	d. Gesammtareals.
alle 3 Kulturflächen	194,56 „	„ 47,8 „	„ „
4. Forsten . . .	192,28 „	„ 47,0 „	„ „

Auf den Kopf der Bevölkerung fällt an Kulturland 46,1 ar.

Gemeindevermögen: Wald 5 ar, Acker 73 ar, Wiesen 22 ar, Weiden 3,55 ha. Steuerzuschläge 48 %. Einnahmen 2607,37 Mk., Ausgaben 2885,38 Mk.

11. Breitenbach.

Häuser 227, Haushaltungen 258, Seelen 1185. Weberfamilien 28 mit 142 Personen, das sind 10,8 % resp. 12,0 % der Einwohnerschaft.

Gesammtareal 1201,12 ha. Davon entfallen auf

1. Ackerland . .	483,21 ha,	also 40,2 %	d. Gesammtareals.
2. Wiesen . . .	163,58 „	„ 13,6 „	„ „
3. Weinberge . .	70,00 „	„ 5,9 „	„ „
alle 3 Kulturflächen	716,79 „	„ 59,6 „	„ „
4. Forsten . . .	430,00 „	„ 35,8 „	„ „
5. Weiden . . .	25,70 „	„ 2,1 „	„ „

Auf den Kopf der Bevölkerung entfallen 60,4 ar Kulturland.

Gemeindevermögen: Wald 524,66 ha, Wiesen 73,59 ha, Weiden 139,54 ha. Gemeindesteuern werden ausser den gewöhnlichen keine erhoben. Einnahmen 18 950,19 Mk., Ausgaben 16 717,50 Mk.

12. Meisengott.

Häuser 173, Haushaltungen 195, Personen 954. Weberfamilien 83 mit 428 Seelen, also 42,5 resp. 44,8 %.

Gesammtareal 500,09 ha. Hiervon entfallen auf

1. Ackerland . .	257,43 ha,	also 51,4 %	d. Gesammtareals.
2. Wiesen . . .	75,02 „	„ 15,0 „	„ „
3. Weinberge . .	60,50 „	„ 12,9 „	„ „
alle 3 Kulturflächen	392,95 „	„ 79,4 „	„ „
4. Weiden . . .	14,07 „	„ 2,3 „	„ „
5. Forsten . . .	77,39 „	„ 15,4 „	„ „

Auf den Kopf der Bevölkerung kommen 41,1 ar Kulturland.

Gemeindevermögen: Wald 15,40 ha, Acker 3,70 ha, Krüter 15,93 ha. Steuerzuschläge 40%. Einnahmen 5976,12 Mark, Ausgaben 4745,86 Mk.

13. Steige.

245 Häuser, 290 Haushaltungen, 1160 Seelen. 99 Weberfamilien mit 447 Hausgenossen, also 34,1 resp. 38,0% der Einwohnerschaft.

Gesammtareal 1008,03 ha. Hiervon entfallen auf

1. Ackerland . .	521,95 ha,	also 51,7 %	d. Gesammtareals.
2. Wiesen . . .	160,25 „	„ 15,8 „	„ „
3. Weinberge . .	32,52 „	„ 3,2 „	„ „
alle 3 Kulturflächen	714,72 „	„ 70,8 „	„ „
4. Forsten . . .	240,55 „	„ 23,8 „	„ „

Auf den Kopf der Bevölkerung kommen 61,6 ar Kulturland.

Gemeindevermögen: Wald 263,06 ha, Krüter 79,79 ha, Steuerzuschläge 13%. Einnahmen 12 406,47 Mk., Ausgaben 10 629,72 Mk.

14. Bassenberg.

75 Häuser, 82 Haushaltungen, 331 Seelen. 29 Weberfamilien mit 94 Seelen, also 35,4 resp. 28,4%.

Gesammtareal 186,38 ha. Davon entfallen auf

1. Ackerland . .	76,55 ha,	also 41,0 %	d. Gesammtareals.
2. Wiesen . . .	36,33 „	„ 19,6 „	„ „
3. Weinberge . .	31,61 „	„ 16,5 „	„ „
alle 3 Kulturflächen	144,49 „	„ 77,1 „	„ „
4. Weiden . . .	2,61 „	„ 0,6 „	„ „
5. Forsten . . .	28,13 „	„ 15,0 „	„ „

Auf den Kopf der Bevölkerung entfallen 43,4 ar Kulturland.

Gemeindevermögen: Wald 27 ha, Acker 3,10 ha. Steuerzuschläge 45 %. Einnahmen 4686,62 Mk., Ausgaben 4593,73 Mark.

15. Breitenau.

84 Häuser, 90 Haushaltungen, 438 Seelen; 30 Weberfamilien mit 159 Seelen, also 33,3 resp. 36,3 %.

Gesammtareal 443,13 ha. Hiervon entfallen auf

1. Ackerland . .	126,05 ha,	also 28,4 %	d. Gesammtareals.
2. Wiesen . . .	50,10 „	„ 11,3 „	„ „
3. Weinberge . .	0,12 „	„ 0,02 „	„ „
alle 3 Kulturflächen	176,27 „	„ 59,6 „	„ „
4. Weiden . . .	17,00 „	„ 3,0 „	„ „
5. Forsten . . .	223,73 „	„ 35,8 „	„ „

Auf den Kopf der Bevölkerung entfallen 40,2 ar Kulturland.

Gemeindevermögen: Wald 105,17 ha. Steuerzuschläge 15 %. Einnahmen 9326,04 Mk., Ausgaben 9021,13 Mk.

16. Grube.

175 Häuser, 195 Haushaltungen, 869 Seelen. 74 Weberfamilien mit 359 Seelen, also 37,4 resp. 41,3 %.

Gesammtareal 819,24 ha. Hiervon entfallen auf

1. Ackerland . .	253,05 ha,	also 31,1 %	d. Gesammtareals.
2. Wiesen . . .	126,40 „	„ 15,5 „	„ „
3. Weinberge . .	0,00 „	„ 0,0 „	„ „
alle 3 Kulturflächen	379,45 „	„ 46,7 „	„ „
4. Weiden . . .	21,36 „	„ 2,6 „	„ „
5. Forsten . . .	314,19 „	„ 38,7 „	„ „

Auf den Kopf der Bevölkerung entfallen 43,6 ar Kulturland.

Gemeindevermögen: Wald 218,17 ha, Acker 1,20 ha, Wiesen 0,68 ha, Weiden 21,0 ha. Steuerzuschläge 4 %. Einnahmen 13001,39 Mk., Ausgaben 9928,70 Mk.

17. Laach.

Häuser 175, Haushaltungen 197, Seelen 858. Weberfamilien 118 mit 564 Personen, also 59,9 resp. 65,7 %.

Gesammtareal 803,13 ha. Hiervon entfallen auf

1. Ackerland . .	385,35 ha,	also	47,9 %	d. Gesammtareals.
2. Wiesen . . .	87,32 „	„	10,8 „	„ „
3. Weinberge . .	0,00 „	„	0,0 „	„ „
alle 3 Kulturflächen	472,67 „	„	58,8 „	„ „
4. Weiden . . .	8,24 „	„	1,0 „	„ „
5. Forsten . . .	236,45 „	„	29,4 „	„ „

Auf den Kopf der Bevölkerung entfallen 56 ar Kulturland.

Gemeindevermögen: Wald 180 ha, Acker 1,80 ha, Wiesen 4 ha, Krüter 107,43 ha. Steuerzuschläge 13 %. Einnahmen 10787,53 Mk., Ausgaben 9346,51 Mk.

18. Urbeis.

Häuser 151, Haushaltungen 180, Seelen 747. Weberfamilien 42 mit 200 Seelen, also 23,3 resp. 24,7 %.

Gesammtareal 1188,79 ha. Davon entfallen auf

1. Ackerland . .	441,79 ha,	also	37,1 %	d. Gesammtareals.
2. Wiesen . . .	126,88 „	„	10,6 „	„ „
3. Weinberge . .	0,21 „	„	0,01 „	„ „
alle 3 Kulturflächen	568,88 „	„	47,8 „	„ „
4. Weiden . . .	32,00 „	„	2,6 „	„ „
5. Forsten . . .	566,08 „	„	47,6 „	„ „

Auf den Kopf der Bevölkerung entfallen 76,1 ar Kulturland.

Gemeindevermögen: Wald 247,85 ha, Acker 40 ha, Wiesen 20 ha, Weiden 155,51 ha, Krüter 51,83 ha. Steuerzuschläge 35 %. Einnahmen 8366,57 Mk., Ausg. 9015,10 Mk.

Wenn ich den Eindruck, welchen die Lebenshaltung der Bewohner der verschiedenen Dörfer auf mich gemacht hat, und die mancherlei zahlenmässig festzustellenden Verhältnisse ins Auge fasse, die auf die grössere oder geringere Wohlhabenheit der einzelnen Gemeinden schliessen lassen und hierbei auch das berücksichtige, was mir in diesem Punkte von competenten Persönlichkeiten mitgetheilt worden ist, so würde ich ungefähr zu folgender von Armuth zu relativer Wohlhabenheit aufsteigenden Stufenleiter kommen. Hierbei handelt es sich um die Lage der gesammten Bewohnerschaft der Gemeinden. Mit wenigen Ausnahmen (z. B. Erlenbach) entspricht derselben die Lage der Hausweber im speciellen vollständig.

1. Gereuth, Laach.
2. Thannweiler, Meisengott, Diefenbach, Grube, Breitenau.
3. Triembach, Urbeis, Bassenberg, St. Moritz, St. Martin.
4. Weiler, Steige, Neukirch.
5. St. Petersholz, Erlenbach, Breitenbach.

Der ganze Kanton Weiler zählt 2552 Häuser, 2939 Haushaltungen und 12 880 Bewohner, und davon 923 Weberfamilien mit 4400 Seelen, also 31,4 resp. 34,5 %.

Die Bevölkerung des Thales ist eine deutschredende bis auf die Bewohner von Steige und der des südwestlichen Winkels in Breitenau, Grube, Laach und Urbeis, welche zur Verkehrssprache ein französisches Patois haben, der französischen Schriftsprache aber durchweg mächtig sind.

In Breitenau findet man jedoch noch viel deutschredende Personen. Die „Wälschen" sind im ganzen Thal verrufen wegen ihrer Unsauberkeit und ihres schlechten moralischen Verhaltens. Wir werden auf beide Punkte weiter unten zu sprechen kommen.

Das Gesammtareal des Kantons beträgt 11 508,21 ha. Hiervon entfallen auf

1. Ackerland . .	4140,49 ha,	also	35,7 %	d. Gesammtareals.
2. Wiesen . . .	1559,15 „	„	13,4 „	„ „
3. Weinberge . .	681,52 „	„	5,8 „	„ „
alle 3 Kulturflächen	6381,16 „	„	54,9 „	„ „
4. Weiden . . .	692,80 „	„	5,9 „	„ „
5. Forsten . . .	3927,39 „	„	33,9 „	„ „

Das gesammte Weilerthal ist also zu einem Drittel mit Wald bedeckt. Das Verhältniss der Wiesen zu den Aeckern ist 1 : $2^3/_4$. Die Kultur des Weines ist im Vergleich zu anderen Gegenden des Elsasses keine ausgedehnte, da nur ein starkes Zehntel der Gesammtfläche von Weinbergen eingenommen wird.

Die Fruchtbarkeit des Bodens ist eine geringe. Dies beweisen die Angaben der durchschnittlichen Ernteerträge, wie sie seit 1879 von der Verwaltung erhoben werden.

Es wurden im Mittel der Jahre 1879—1882[1] von den am häufigsten gebauten Früchten auf den Hektar geerntet:

Winterweizen	13,4	Centner,
Winterroggen . . , .	9,6	„
Kartoffeln	77,4	„
Wiesenheu	46,4	„
Wein	9,1	Hectoliter.

Die Angaben für die einzelnen Jahre findet man in der Tabelle II.

Nach den Erhebungen über die Bodenbenutzung aus dem Jahre 1883 wurden nun bebaut:

437;64	ha	mit	Winterweizen,
992,92	„	„	Winterroggen,
1432,83	„	„	Kartoffeln.

Dies würde für das ganze Thal einen durchschnittlichen Jahresertrag ergeben von

5 864	Centner	Winterweizen,
9 532	„	Winterroggen,
110 910	„	Kartoffeln.

Nehmen wir nun das wenige, was sonst an Getreide gebaut wird, hinzu (vgl. die Tabelle III), so würde sich ein durchschnittlicher Jahresertrag von etwa 160 000 Centner Getreide und 110 910 Centner Kartoffeln ergeben. Dividiren wir mit der Anzahl der Bewohner des Thales in diese Summe hinein, so ergibt sich auf den Kopf der Bevölkerung ein jährlicher Ertrag von 124 Pfund Getreide und 684 Pfund Kartoffeln.

Mit diesem Ertrag die Nahrungsbedürfnisse zu befriedigen, und ausserdem mit ihnen die sonstigen nothwendigen Lebensbedürfnisse einzutauschen, erscheint unmöglich. Darnach ist klar, dass die Weilerthaler Bevölkerung von der Landwirthschaft allein sich unmöglich ernähren kann. Sie

---

[1] Die Angaben seit 1883 sind wegen der Einführung der Doppelcentner so unzuverlässig, dass ich sie nicht berücksichtigt habe.

bedarf eines anderen Erwerbszweiges, der ihr so viel einbringt, dass sie sich die ausser der Nahrung nöthigen Lebensbedürfnisse damit kaufen kann.

Dies hat denn auch in der That dazu geführt, dass im Weilerthal eine Anzahl Industrien entstanden sind, von denen jedoch keine den Umfang und die Bedeutung erlangt hat, wie die Hausweberei. Die Schilderung derselben soll die Aufgabe der folgenden Blätter sein.

KAPITEL II.

DIE TECHNIK.

Zum Verständnis der ökonomischen und socialen Verhältnisse der Hausweber ist die Kenntnis der Technik der Weberei unbedingt nothwendig. Es wird uns daher nicht erspart bleiben, an die wichtigsten Elemente derselben zu erinnern, und dort wo die technischen Operationen verschieden gehandhabt werden, die im Weilerthal üblichen Methoden mitzutheilen. Als Quelle hierfür hat mir fast ausschliesslich die eigene Anschauung gedient; nur wo diese Lücken aufwies, habe ich dieselben durch das Buch von Karmasch, Die Technik der Maschinengewerbe, zu ergänzen gesucht.

A. DER HANDWEBSTUHL.

Das Princip des Webens ist ein höchst einfaches: es ist das Gegenstück des Flechtens. Beides, Flechten und Weben besteht darin, dass in eine ruhende Lage von Fäden eine Reihe anderer Fäden hineingeschlungen werden. Beim Flechten nun geschieht dies in der Art, dass der bewegliche Faden abwechselnd über und unter einen Faden der ruhenden Fadenlage geführt wird, beim Weben dagegen der Art, dass von den ruhenden Fäden eine Reihe von Fäden nach unten und eine andere Reihe von Fäden nach oben auf einen Ruck gezogen werden, und in die so entstandenen Lücken der bewegliche Faden hindurch geschleudert wird.

Das Resultat ist dasselbe: der bewegliche Faden kommt abwechselnd über und unter die Fäden der ruhenden Lage. Diese letztere nun nennt man die Kette oder den Zettel (chaîne), die beweglichen Fäden dagegen den Einschuss, Einschlag, Eintrag (trame).

Die Procedur des Webens geht nun in einem Apparat, dem Webstuhl (métier) vor sich, welcher naturgemäss drei Funktionen zu erfüllen hat.

1. Die Kette festzuhalten, sie vor dem Einschiessen abzuwickeln, und nach demselben aufzuwickeln.

2. Die Kettenfäden abwechselnd nach oben und nach unten zu ziehen.

3. Die Einschussfäden zwischen den Kettenfäden durchzuleiten und fest zu machen.

Jede der drei Verrichtungen geht, wie leicht ersichtlich, in einer anderen Dimension vor sich.

1. Dem ersten Zweck dienen zwei Walzen, welche zwischen den 4 Pfosten des Webstuhls: dem Stuhlgestell, angebracht sind. Die hintere Walze heisst der Ketten- oder Garnbaum. Auf ihm sind die parallel neben einander laufenden Kettenfäden aufgewickelt. Diese reichen über die ganze Länge des Stuhles hin bis zu der vorderen Walze, dem Brustbaum, auf welchen in dem Maasse, als die Kette von dem Kettenbaum abgewickelt wird, das Gewebe sich aufwickelt.

Gewichte verhindern, dass die Kette sich von selbst, und nicht vielmehr nur soweit, als sie verwoben wird, aufwickelt. Es giebt Webstühle mit besonderen Vorrichtungen, Regulatoren genannt, welche den Brustbaum bei jedem Einschuss eines neuen Fadens genau so viel herumdrehen, als zum Aufwickeln des neu entstandenen Theils des Gewebes nothwendig ist. Dadurch wird der Weber der Nothwendigkeit überhoben, diese Umdrehung mit der Hand und zwar immer erst dann zu besorgen, wenn das Gewebe ein gewisses Stück vorwärts geschritten ist. Es ist klar, dass diese Einrichtung dem Gewebe eine grosse Gleichmässigkeit verleihen muss.

2. Während der soeben beschriebene Theil des Webstuhls in wagerechter Lage und zwar parallel mit der Axe desselben sich befindet, steht das „Geschirr“, welches die zweite der oben angeführten Aufgaben zu erfüllen hat, in senkrechter Lage. Es besteht zunächt aus den Schäften oder Flügeln. Dies sind eine Reihe von starken, gefirnissten Fäden (Litzen), welche die Kettenfäden in rechtem Winkel schneiden. An diesem Schnittpunkt haben sie einen kleinen Ring, durch welchen die Kettenfäden durchgegangen sind. Das hat zur Folge, dass die letzteren den Bewegungen der ersteren stets zu folgen genöthigt sind.

Diese Schäfte sind nun freischwebend im Webstuhl aufgehängt, und werden mittelst Trittbretter der Art bewegt, dass jeder erste Tritt den einen Schaft in die Höhe, den andern nach unten, jeder zweite Tritt aber jedesmal den andern Schaft nach oben resp. nach unten zieht. Die bei jedem Tritt auf diese Weise entstehende Lücke wird ein Fach genannt.

3. Die dritte Vorrichtung erzeugt eine wagerechte Bewegung, wie die erste, aber in rechtem Winkel zu dieser; es ist dies die Operation des Einschiessens. Der auf einer Spindel aufgespulte Faden ruht in einem hölzernen, ovalen, nach oben offenen Gefäss, dem sogenannten Weberschiffchen, welches durch eine kleine Oeffnung an der Seite den Faden durchlässt. Dieses Schiffchen wird nun durch das bei jedem Tritt entstehende Fach auf folgende Weise durchgeworfen.

In den oberen Enden der beiden vorderen Pfosten des Stuhlgestelles hängt die sogenannte Lade. Diese besteht aus einem oberen Querholz, dem Ladendeckel, zwei Seitenhölzern, und einem unteren Querholz, dem Ladenstock. Auf diesem befindet sich die Schützenbahn, eine Rinne, in welcher das Schiffchen laufen kann. Rechts und links, in einer Linie mit der Bahn sind die zur Aufnahme des Schiffchens bestimmten Schützenkasten angebracht. In diesen liegen Klötzchen, Treiber genannt, an welchen je ein Lederriemen befestigt ist. Die beiden Riemen sind vor der Lade in einem hölzernen Griff vereinigt. Wird diese „Pritsche“ nun nach rechts gezogen, so trifft das linke Klötzchen das vor ihm liegende Schiffchen und schleudert es durch die ganze Bahn hindurch, bis in den entgegengesetzten Schützenkasten. Hierbei hinterlässt es den sich aus ihm herauswindenden Faden zwischen dem oberen und unteren Theile des Faches. Auf dieselbe Weise wird das Schiffchen von der rechten auf die linke Seite hinüber geschleudert.

Die Lade hat nun noch den weiteren Zweck, den durchgeschossenen Faden an den fertigen Theil des Gewebes fest anzupressen. Ueber dem Ladenklotz befindet sich für diesen Zweck ein Kamm, das Blatt oder der Rietkamm genannt, durch dessen Zähne die Fäden der Kette einzeln oder zu zweit durchgeleitet sind. Jedesmal nun wenn ein Faden mittelst des Schiffchens durch ein Fach der Kette durchgeworfen ist, zieht der Weber die Lade, welche sich in schräger Stellung befindet, an sich heran. Damit ergreift der Kamm den Einschussfaden an allen Punkten, in denen er die Kette queert, treibt ihn vor sich her und drückt ihn fest an das bereits fertige Gewebe an. Dieses wird gegen den Anprall widerstandsfähig gemacht durch ein Holz, welches quer über dasselbe aufgespannt ist.

Bei den einfachen Geweben, wie sie auf den bisher beschriebenen Stühlen angefertigt werden, wird jeder Einschussfaden so durch die Kette geführt, dass er abwechselnd über und unter die Fäden der letzteren zu liegen kommt. Sind sämmtliche Fäden, sowohl die der Kette wie die des Eintrags gleichfarbig, so nennt man solche in der Markircher Geschäftssprache „unis".

Die Modificationen, die bei einem Gewebe möglich sind, beziehen sich entweder auf den Einschuss oder auf die Kette.

Die Kette kann Fäden von verschiedener Farbe enthalten, und die Einschussfäden können gewechselt werden, indem der Weber mehrere Schiffchen, in denen sich Spulen mit verschiedenfarbigen Fäden befinden, abwechselnd in den Schützenkasten legt, sie durchschleudert, und ohne den Faden abzureissen herausnimmt, um ein anderes Schiffchen hineinzulegen.

So entstehen gemusterte Stoffe, die wenn die Einschussfäden den Kettenfäden in Farbe und Lagerung genau entsprechen, Carreaux genannt werden.

Die wichtigsten Modificationen bei der Kette werden dadurch hervorgebracht, dass die Fäden derselben in verschiedene Geschirre gehängt werden, die unabhängig von einander durch die Trittbretter bewegt werden können. Dadurch ist es möglich, die Einschussfäden nicht immer bloss über und unter einen, sondern über und unter mehrere Kettenfäden zu führen. Werden die auf diese Weise zu erzeugenden Muster aber so complicirt, dass zur Bewegung der Schäfte mehr wie 4 oder gar 8 Tritte nothwendig wären, so würde das Treten auf den einzelnen Trittbrettern zu schwer und unbequem sein, und man lässt diese Muster auf den sogenannten Ratières oder den noch feiner ausgebildeten Jacquardstühlen weben.

Das Princip derselben besteht darin, dass zwischen den Litzen und dem Trittmechanismus, der hier nur ein einziges Trittbrett hat, ein Apparat eingeschaltet wird, welcher die durch den Tritt empfangene Bewegung gewissermassen vertheilt, und so bewirkt, dass bald jene, bald diese Litze in die Höhe geht. Dieser Apparat ist ungefähr folgendermassen eingerichtet. Die Litzen, durch deren Löcher die Kettenfäden wie beim gewöhnlichen Webstuhl durchgeführt sind, schweben nach unten zu frei, aber beschwert mit Bleigewichten, in der Luft, und sind an ihrem oberen Ende an Metallstäbe „Platinen", befestigt. Letztere haben oben eine hakenförmige Krümmung, in welcher ein quer über die ganze Breite des Geschirrs reichendes Messer eingreifen kann, dass es die Platinen mit den daran befindlichen Litzen soweit in die Höhe heben kann, als zur Bildung eines Fachs erforderlich ist. Allein nicht bei jeder durch das Trittbrett verursachten Hebung sollen alle Platinen in die Höhe gehoben werden. Um dies zu erreichen, befindet sich neben den Platinen ein Cylinder, über welchen mehrere zu einer Kette ohne Ende zusammengeheftete Pappenblätter hinlaufen. Diese Blätter werden nun von dem Cylinder, der durch dasselbe Trittbrett, welches das Messer hebt, bewegt wird, an eine Reihe von Stiften angedrückt, welche ihrerseits die Platinen soweit wegzuschieben vermögen, dass das Messer sie nicht ergreifen kann. Soll dies verhindert, soll also die Platine in die Höhe gehoben werden, so befindet sich in der Pappkarte (der Musterkarte) ein Loch. Der Stift wird dann nicht angestossen, die Platine wird nicht weggedrückt und daher vom Messer ergriffen und gehoben. Dadurch also, dass die Musterkarte abwechselnd Löcher und keine Löcher hat, werden die Litzen theils gehoben, theils in ruhender Stellung gelassen; der Einschussfaden läuft also bald unter, bald über ihnen weg; und auf diese Weise entsteht das Muster.

Eine besondere Maschine dient dazu, die neu erfundenen Muster auf die Pappkarten zu übertragen. Das Princip auf der von mir betrachteten Maschine war, dass das Muster gewissermassen zuerst zu einem Gewebe g e f l o c h t e n wird. Dies Gewebe wird auf einen Apparat gebracht, der je nach dem die Fäden in dem Flechtwerk oben oder unten liegen die als Musterkarte zu verwendende Pappe durchlöchert oder undurchlöchert lässt. Es ist gleichsam ein rückwärts wirkender Jacquard.

Zum Schluss müssen wir noch die die eigentliche Weberei vorbereitenden Operationen besprechen.

I. Die Vorberereitungen für die Kette sind folgende:

1. Das Spulen der Kette besteht in dem Aufhaspeln des in Strähnen aus der Spinnerei bezogenen Garns auf Spulen. Es geschieht dies meist vermittelst einer Spulmaschine, die durch einen Mechanismus eine ganze Reihe von Strähnen aufzuspulen vermag.

2. Das Scheeren der Kette. Dies bezweckt die für eine Kette erforderliche Anzahl von Fäden in die durch das Muster geforderte Lage neben einander zu bringen. Hierzu dienen zwei Apparate: der Spulenstock und der Scheerrahmen.

Ersterer ist eine im spitzen Winkel zur Erde geneigte Fläche, an welcher auf Stäbchen eine so grosse Anzahl von Spulen stecken, als die Kette Fäden neben einander erfordert, Diese Fäden werden nun durch ein durchlöchertes Brett, das Lesebrett, dergestalt geführt, dass jeder Faden durch ein

Loch hindurchgeht. Sodann kommen die Fäden auf den Scheerrahmen, eine grosse, meist die ganze Höhe des Zimmers einnehmende Winde, woselbst immer eine Anzahl Fäden „ein Gang“ zusammengeknüpft und an ein auf der Winde befindliches hölzernes Kreuz gebunden werden. Das Scheeren oder Zetteln (ourdir) geschieht nun so, dass der Arbeiter mit der rechten Hand das Lesebrett haltend mit der linken die Winde gleichmässig bewegt, und dadurch die verschiedenen Gänge nebeneinander von oben nach unten aufwindet. Am unteren Ende der Winde befindet sich gleichfalls ein Kreuz, an welches die Fäden angeknüpft werden, um von dort durch Drehung des Rahmens in entgegengesetzter Richtung von unten nach oben aufgewickelt zu werden.

3. Das Aufbäumen. Die gescheerten Kettenfäden müssen in der vom Muster geforderten Ordnung parallel nebeneinander am Garnbaum befestigt werden. Es geschieht dies durch Anknüpfen der einzelnen Gänge der Kette an eine Leiste, welche ihrerseits in eine Spalte des Garnbaums festgeklemmt wird. Damit die Fäden nun aber genau parallel nebeneinander zu liegen kommen, werden sie in kleine Abtheilungen durch die Oeffnungen eines Kammes, des „Reiskammes“, gezogen, und sodann durch langsames Umdrehen des Garnbaums auf diesen aufgewickelt.

4. Das Einziehen resp. Andrehen der Kette. Ist die Kette auf den Garnbaum aufgewickelt, so handelt es sich darum, die einzelnen Fäden durch die Litzen und den — vom Garnbaum aus gesehen — dahinterliegenden Rietkamm durchzuziehen, und sie vorn auf dem Brustbaum zu befestigen.

Hierzu sind zwei Personen nöthig. Eine reicht die Fäden von der Garnbaumseite der anderen zu, welche sie mittelst eines Stöckchens durch die Litzen der Schäfte und mittelst eines breiteren Instrumentes, des „Rietmessers“ durch den Rietkamm durchzieht. Ist dies geschehen, so werden eine Anzahl Fäden zusammengeknotet, und gerade wie beim Garnbaum, an eine Leiste angeknüpft, die in eine Nuthe des Brustbaums geklemmt wird.

Soll nach Vollendung eines Gewebes auf demselben Stuhl ein neues angefertigt werden, das die gleiche Anzahl

Kettenfäden und dieselben in gleicher Lagerung, wie das erste enthält, so wird von dem ersten Gewebe soviel auf dem Brustbaum befestigt gelassen, dass die Kette noch ein Stück über das Geschirr hinaus nach der Garnbaumseite hin vorragt. An diese lose herabhängende Fädenlage, von den Weilerthaler Webern Triemde genannt, wird nun die neue Kette Faden für Faden angeknüpft, oder wie der übliche Ausdruck lautet: angedreht. Zu diesem Behufe bindet die andrehende Person eine Anzahl Fäden der alten und der neuen Kette zu einem Knoten zusammen, die sie beide an einen um ihren Leib geschlungenen Gurt befestigt. Sie reisst sodann aus jedem Knoten einen Faden heraus, tupft die Finger in ein bereit liegendes Aschenhäufchen, und zwirnt nun beide Fäden mittelst einer drehenden Bewegung der Finger zusammen. Dies erfolgt, ohne dass das geringste Knötchen entsteht, so dass die neue Kette nunmehr durch Rietkamm und Litze einfach durch Umdrehen des Brustbaums durchgezogen werden kann, und so das „Einziehen“ der Kette erspart wird.

5. Das Schlichten der Kette. Das Schlichten ist ein Durchfeuchten der Kette mit gekochter Stärke oder Leim und hat den Zweck, die Fäden fester und elastischer zu machen. Dies geschieht mittelst zweier Bürsten, mit welchen an der oberen und unteren Seite der Kette hingefahren wird, um so den Stoff „die Schlichte“ gleichmässig auf die Fäden zu vertheilen. Das Schlichten, sei es nun, dass es von der Hand oder von einer Maschine verrichtet wird, erfolgt gewöhnlich während des Aufbäumens, so dass jeder Theil der Kette, unmittelbar bevor er auf den Garnbaum aufgewickelt wird, dem Schlichtprocess unterzogen wird.

II. Der Einschuss erfordert als einzige Vorbereitung das Aufhaspeln der Garnstränge auf die Spulen. Hierzu dient das Spulrad, welches mit der rechten Hand bewegt, eine Spindel in Bewegung setzt, um welches das von einem Haspel herabgeleitete Garn sich aufwickelt. Die linke Hand lässt hierbei den Faden durch die Finger gleiten, und verleiht ihm so die Richtung zur Spindel hin.

B. DER MECHANISCHE WEBSTUHL.

Das Princip des Webens ist beim mechanischen Stuhl genau dasselbe, wie beim Handstuhl. Nur werden die Fachbildung, das Einschiessen der Schiffchen und das Andrücken des Einschlagfadens an das fertige Gewebe hier mit Maschinenkraft ausgeführt. Der Arbeiter hat dabei weiter nichts zu thun, als aufzupassen, ob und wo ein Faden reisst, und sodann sofort die Maschine zum Stillstand zu bringen, um den Faden wieder anzuknüpfen. In neuerer Zeit hat man übrigens auch eine Mechanik erfunden, die beim Reissen eines Fadens den Gang der Maschine hemmt, so dass hier das Zusammenknüpfen der Fäden als einzige menschliche Arbeitsleistung übrig bleibt.

Der Kraftstuhl ist nun nicht nur einfache sondern auch gemusterte Stoffe zu weben im Stande. Es handelte sich hier um die Lösung folgenden Problems: Kann die menschliche Willkür, welche die zur Herstellung eines Musters nothwendigen Veränderungen durch thätiges Eingreifen in den Gang des Apparates hervorbringt, also namentlich bald dieses, bald jenes Schiffchen in den Schützenkasten hineinlegt, kann diese durch einen Mechanismus ersetzt werden?

Diese Frage ist bereits durch das System der Jacquardmaschine gelöst. Die Einwirkung eines Musterkartons auf Stäbchen wird auch beim Kraftstuhl, und zwar nicht nur zu Aenderungen der Kette, sondern auch zu solchen des Einschusses benutzt. Neben dem Webstuhl befindet sich ein Behältniss, das gerade so hoch ist, wie der Abstand der Kette vom Boden. In diesem befinden sich die Schiffchen mit den Spulen. Zugleich mit jeder Bildung eines Faches greift nun ein eiserner Arm an die Stelle, wo sich das Schiffchen befindet, und schleudert es auf die andere Seite, woselbst es, von einem gleichen Arm empfangen nach Bildung eines neuen Faches zurückgeschleudert wird.

Sollen nun verschiedene Schiffchen in verschiedenen Zeitabsätzen zur Verwendung kommen, so ist in jenem Behältniss eine Rolle angehängt, auf welcher eine Anzahl

Schützenkästen einer unter dem andern angebracht sind. Die Bewegung dieser Rolle wird nun wie beim Jacquard durch Musterkarten und Stiftchen regulirt, dergestalt, dass entweder die Schiffchen hintereinander in die Höhe kommen, wo sie von dem eisernen Arm ergriffen werden, oder so dass ein Schiffchen zu mehreren Einschüssen oben bleibt, oder so dass ein oder mehrere Schiffchen gar nicht auf der Höhe bleiben, beim Einschiessen also übergangen werden.

Auf diese Weise ist jede Art von Muster mittelst der mechanischen Webstühle leicht herstellbar.

Von den Vorbereitungen der Kette und des Einschusses können das Spulen, Scheeren, Aufbäumen und Schlichten von Maschinen verrichtet werden. Nur das Einziehen der Kettenfäden muss mit die menschliche Hand besorgen. Ein Andrehen einer neuen Kette an die Triemde einer alten kommt in der mechanischen Weberei nicht vor; es wird vielmehr jeder neue Zettel in Geschirr und Kamm von neuem eingezogen.

KAPITEL III.

DIE MARKIRCHER INDUSTRIE.

Die Hausweber des Weilerthales werden zum grössten Theil von Fabrikanten beschäftigt, welche in Markirch ihren Sitz haben. Es giebt dort deren zur Zeit 24, von denen aber einige nur wenig Leuten des Weilerthales Arbeit liefern. Ausserdem ist es eine Firma in Rappoltsweiler und eine in Leberau, und bis vor kurzem die Aktiengesellschaft in Hüttenheim, für die die Weilerthaler weben. Erstere beiden Firmen will ich künftighin, wenn ich schlechtweg von Markircher Fabrikanten rede, mit einbegriffen wissen.

Die Lage der Markircher Industrie werde ich am besten zu schildern im Stande sein, wenn ich die einzelnen Arten von Stoffen, welche dort gearbeitet werden, abgesondert bespreche. Es sind dies die sogenannten Tüchel oder mouchoirs, und die Damenkleiderstoffe, welche letztere sich wieder in Stapelartikel und Neuheiten (nouveautés) scheiden.

A. DIE TÜCHEL.

Die Mouchoirs sind baumwollene Tücher von 80 oder 85 cm im Quadrat Grösse und von möglichst bunten, oft sehr grellen, stets carrirten Mustern, welche von südländischen Völkern, namentlich Südfranzosen und Spaniern, sowie in einigen aussereuropäischen Ländern als Kopftücher getragen werden. Je nach der Menge der Fäden, der Qualität des verwebten Garnes, und der Methode der Anfertigung unterscheidet man verschiedene Sorten solcher Tüchel, deren wichtigste die folgenden sind.

1. Calcutta.

Diese durch besonders schöne Farben und durch eine grosse Anzahl von Kettenfäden sich auszeichnende Sorte wird von allen Tücheln mit der grössten Sorgfalt fabrizirt. Die Südfranzosen, ihre Hauptabnehmer, verlangen, dass das Tuch womöglich so steif wie ein Brett ist, ein Beweis, dass die Tücher mehr dem Schönheitssinn, wie dem praktischen Bedürfniss zu dienen bestimmt sind. Um dies zu erreichen, lassen zwei Firmen die Kette mit einer Maschine schlichten, und nass einschützen, d. h. die Einschussfäden auf den Spulen vor dem Weben in einer Schüssel mit Wasser ganz durchfeuchten. Andere lassen die Calcutta beim Appretiren leimen, was fast die gleiche Wirkung wie obiges Verfahren hat.

Der Verkaufspreis der Calcutta beträgt zur Zeit für die mit rothfarbigen Garnen gewebten Arten 9 fr. bei einer Breite von 85 cm und 8 fr. bei einer solchen von 80 cm., für die dunkleren dagegen nur 7 fr. das Dutzend.

2. Milanaise.

Diese wie die folgenden Tüchelarten werden von allen Firmen trocken eingeschützt. Milanaise hat nächst Calcutta die meisten Kettenfäden, dieselben sind hier „gezwirnt", „retorts", d. h. solche, die in der Spinnerei aus zwei einfachen zusammengedreht sind. Der stärkere Halt, der den Fäden dadurch verschafft wird, macht hier ein Schlichten der Kette überflüssig. Die Milanaise werden sehr sorgfältig appretirt, und erhalten insbesondere dabei einen schönen, seidenartigen Glanz. Das Dutzend dieser Sorte wird nach Angabe des einen Fabrikanten mit 7,75 fr., nach der eines anderen aber nur mit 6,60 bis 6,70 fr. bezahlt.

3. Bombay oder Anglaise.

Die Kette dieser Sorte wird mit der Hand geschlichet. Die Appretur erfolgt in dem einen Etablissement dadurch, dass die Tücher zwischen Glasscheiben, welche mit Wachs bestrichen sind, gepresst werden. Das Dutzend verkauft sich zu 6,50 fr.

4. Cotelet oder Vénetienne.

Wie Milanaise ist dies ein Retort-Gewebe und bedarf daher nicht der Schlichtung.

5. Pignasse.

Das Schlichten der Kette besorgen die Weber selbst.

Cotelet und Pignasse sind die geringsten Arten. Letztere werden nicht einmal einer Appretur unterzogen, sondern die Tücher werden einfach nur einmal dutzendweise zusammengepresst und kommen dann sogleich in den Handel. Der Preis beträgt 6 fr. resp. 6,70 fr.

Ich bemerke, dass ich die bei jeder Art zuerst angegebenen Preise für die der Wahrheit mehr entsprechenden halte, weil einzelne derselben durch die Aussagen anderer Firmen bestätigt werden und ihr Verhältniss untereinander auch dem Verhältniss ihrer verschiedenen Qualitäten mehr entspricht.

Das Baumwollgarn zu den Tücheln wird fast ausschliesslich aus dem Elsass bezogen. Nur die gezwirnten Fäden kaufen manche Firmen lieber in Nordfrankreich, namentlich in Roubais, da sie dort besser und billiger hergestellt werden sollen als im Elsass, woselbst sie überhaupt nur von Nicola Schlumberger in Gebweiler fabrizirt werden.

Der Geschäftsführer eines Markircher Etablissements gab mir als Preise für retorts in Roubais 6,50 fr. per Kilo, für die elsässischen 7 fr. bis 7,50 fr. an. Dies trotz des Zolles von circa 0,50 fr. pr. Kilo. Als Preis des einfachen ungezwirnten elsässischen Garnes nannte er mir 3,40 fr. Das Verhältniss in den Preisen des gezwirnten und ungezwirnten elsässischen Garns erscheint nicht auffallend, wenn man hört, dass das Kilo gezwirnten Garns 80000 m Fäden, das des ungezwirnten aber nur 36000 m Fäden enthält.

Die Garne aus Mühlhausen und Gebweiler werden in Strängen bezogen und dann meistentheils in Markirch selbst in eine der dort bestehenden 5 Färbereien zum Färben gegeben. Nur die rothe Färbung, welche gerade für viele Tüchelmuster die wichtigste ist, lassen einige Fabrikanten auswärts besorgen. Früher wurden hierzu allgemein die Krappfarben verwandt. Die Färbung mit diesen erfordert jedoch ein ungemein kostspieliges Verfahren, weil das Garn nicht wie sonst 1 bis 3 Tage, sondern 6 Wochen lang in der Farbe liegen muss. Dies, sowie der Umstand, dass nur eine Fabrik in Zopfingen in der Schweiz sich auf die Behandlung der Krappfarben versteht, lässt den Preis für das Färben von 1 Kilo Garn auf 5 fr. zu stehen kommen.

Nachdem nun ein Verfahren entdeckt war, mittelst dessen man den im Krapp enthaltenen Farbstoff künstlich darstellen kann, werden die so gewonnenen Alizarinfarben fast allgemein zur Herstellung des Mouchoir-Roth verwandt. Das verbilligt das Färben so, dass jetzt nur noch 1,50 fr. bis 3 fr. für das Kilo bezahlt werden. Man lässt das Roth nunmehr in Markirch und wegen des billigeren Preises auch in einigen Färbereien der Schweiz dem Garn auftragen. Hin und wieder lässt man auch in Elberfeld roth färben, oder bezieht die daselbst mit türkischen Farben gefärbten englischen Garne. Man zahlt hier 2,50 fr. per Kilo für das Garn und ebenso viel für die Färbung.

Eine Firma nur hält an den alten Krappfarben fest. Dieselbe exportirt vornehmlich nach Indien und muss daher eine Farbe haben, die den stärksten Sonnenstrahlen zu widerstehen geeignet ist. Diesen Dienst sind nur die echten Krappfarben bei sechswöchiger Durchtränkung des Stoffs mit denselben zu leisten im Stande.

Die Appretur der Tüchel wird durchweg in Markirch selbst besorgt. Man zahlt 0,25 bis 0,50 fr. für den Appret eines Dutzends.

Die Hauptabsatzgebiete für die Mouchoirs waren früher Südfrankreich und Spanien. Der Absatz nach dem letzteren Lande hat seit einem Jahre fast völlig aufgehört. Zu diesem traurigen Resultat haben verschiedene Ursachen mitgewirkt. Die grossen Unglücksfälle, welche Spanien in rascher Aufeinanderfolge getroffen haben: Krieg, Ueberschwemmung,

Erdbeben und Cholera hatten die Kauflust des Volkes auf ein Minimum herabgedrückt. Dazu kam, dass gerade in der Zeit, in welcher das Deutsche Reich mit Spanien wegen der Erneuerung des Handelsvertrages verhandelte, die Schweizer sich vollständig dort einzudrängen und die elsässische Concurrenz total aus dem Felde zu schlagen verstanden haben.

Allein auch der Absatz nach Frankreich leidet schwer. Ausser der allgemeinen Kaufunlust, die auch hier herrscht, und grösstentheils in den kriegerischen Verwickelungen ausserhalb Europas und in der Heimsuchung durch die Cholera ihren Grund hat, ist es vor allem die Schweizer Concurrenz, welche die Markircher Waare auch dort fast gänzlich vom Markte zu verdrängen droht. Die Klage hierüber ist eine allgemeine und wie es scheint wohl begründete. Die Schweizer Fabrikanten sind in Folge des Zusammentreffens einer Reihe von günstigen Umständen in der Lage, ihre Fabrikate zu einem um vieles billigeren Preise liefern zu können, als Markirch es zu thun im Stande ist.

Vor allem sind es die enorm niedrigen Löhne, welche die Schweiz begünstigen. Man nimmt an, dass dieselben dort durchnittlich 33,3 % niedriger stehen als in Markirch. So bezahlen die hiesigen Fabrikanten beispielsweise für ein Tüchel Calcutta 0,17--0,18 fr. Weberlohn, während der Lohn in der Schweiz für das gleiche Tüchel nur 0,11--0,12 fr. betragen soll.

Ferner ist das Garn und die Färbung in der Schweiz billiger, als im Elsass, auch sind die Generalkosten nicht so hoch. So soll der Fabrikant dort nur $^1/_3$ bis $^1/_4$ soviel Steuern bezahlen, wie hier. Endlich lassen die Schweizer ihre Mouchoirs vielfach, wenn auch nicht ausschliesslich auf Dampf- und Wasserstühlen anfertigen, während hier das Tüchel stets mit der Hand gewebt wird.

Möglich ist dies den Schweizern nur dadurch, dass sie fast niemals ihre Muster wechseln; denn würden sie dies thun, so käme ihnen die mechanische Weberei, wie späterhin gezeigt werden wird, theurer zu stehen, als die auf dem Handstuhl. Die Abnehmer finden in der Billigkeit der Tücher ein genügendes Aequivalent für die mangelnde Abwechslung.

Die Preissenkung, die nun die Schweizer, auf diese Umstände gestützt, haben eintreten lassen, ist allerdings eine enorme. Einer der hiesigen Fabrikanten zeigte mir einen soeben angekommenen Brief aus Südfrankreich, in welchem der dortige Zwischenhändler die Firma ersucht, die Preise für die 80 cm breiten Calcutta von 8,75 fr. — 0,25 fr. hatte der Fabrikant schon einige Wochen vorher herunterlassen müssen — auf 8 fr. herabzusetzen, da dies der Preis sei, für den die Schweizer das Tüchel lieferten. Mein Gewährsmann erklärte, er sei ausser Stande, auf dieses Anerbieten einzugehen. Und das passirt am Calcutta, der Sorte, die nach den übereinstimmenden Versicherungen aller Fabrikanten noch am besten geht!

Ausser den Schweizern sind es noch einige an der französischen Grenze liegende französische Fabriken, welche den Elsässern auf dem französischen Markt eine empfindliche Concurrenz bereiten. Wenn hier auch die höheren Löhne Frankreichs eine ernstliche Gefährdung ausschliessen, so ist es doch vor allem der französische Zolltarif, der die Elsässer Fabrikanten in Nachtheil bringt.

Seit 1883 hat nämlich Frankreich an Stelle des Werthszolls den Gewichtszoll eingeführt. Wenn dieser nun auch vor jenem den Vorzug hat, dass er die Exporteure weniger Chikanen bei der Zollabfertigung aussetzt, so hat er doch gerade für solche ordinäre Waare, wie die Mouchoirs, eine bedeutende Zollerhöhung, und zwar durchschnittlich von 80 auf 100 fr. per Kilo zur Folge gehabt, und damit die Position der Markircher Mouchoir-Industrie wesentlich verschlechtert.

Auch der Absatz nach den französischen Colonien und nach dem nördlichen Südamerika hat durch die Schweizer Concurrenz erheblich gelitten. Nur die Firma, welche die krappgefärbten Tücher nach Indien exportirt, gibt an, durch die Schweizer nicht beeinträchtigt zu werden. Einen äusserst fühlbaren Rückschlag auf den Absatz nach den aussereuropäischen Ländern hat der enorme Fall im Preise des Zuckers ausgeübt.

Einen geringeren Markt für die Mouchoirs bildet Elsass-

Lothringen selbst. Hier werden dieselben aber nicht als Kopfputz, sondern als „Nastücher" verwendet. Es sind nur zwei Firmen, welche diesen Handel betreiben. Von beiden wird über die Concurrenz geklagt, welche ihnen die Fabriken in Kaiserslautern und in Baden, namentlich in Lörrach mit den bedruckten Calicots machen.

Fassen wir alle über die Absatzfähigkeit der Mouchoirs beigebrachten Thatsachen ins Auge, so können wir die Aussichten dieses Fabrikationszweiges nur als die allerschlechtesten bezeichnen. Von dieser Einsicht geleitet haben auch vier grössere Firmen, von denen zwei zu den bedeutendsten in Markirch gehören, die Fabrikation von Mouchoirs gänzlich aufgegeben; und auch die Firma in Leberau geht mit dem gleichen Gedanken um.

So kommt es, dass jetzt vorwiegend nur kleinere Firmen, die ihr Kapital nicht so rasch auf einen andern Geschäftszweig werfen können, sich mit der Mouchoirweberei abquälen müssen. Ob dieselben aber bei Fortbestehen der obwaltenden Verhältnisse sich noch lange werden halten können, möchte ich stark bezweifeln.

B. DAMENKLEIDERSTOFFE.

Die Hauptfabrikation Markirchs besteht in der Anfertigung von Damenkleiderstoffen. Dieselbe werden aus Wolle, Baumwolle und Halbwolle (wollene Kette und baumwollener Einschlag) gewebt.

Man unterscheidet zwei Hauptarten in diesen Stoffen. Stapelartikel, articles courants und Neuheiten, fantaisies, articles façonnés, articles ouvragés.

Die Stapelartikel sind ordinäre Stoffe, welche in grösseren Mengen hergestellt werden und deren Muster nicht in hervorragendem Maasse dem Wechsel der Mode unterworfen sind. Dieselben werden grösstentheils nur aus Baumwolle oder Halbwolle gemacht. Die Weberarbeit ist eine einfache und kann auf gewöhnlichen Webstühlen ausgeführt werden. Die Musterart, welche von den Markirchern am meisten bevorzugt wird, in der sie die besten Neuerungen erfinden, und deren Herstellung von ihren Arbeitern am besten besorgt wird, ist der Carreau. Auch bei den Neuheiten werden carrirte Muster vielfach angewandt, herrschen aber hier nicht so allgemein wie bei den Stapelartikeln.

Neuheiten sind die der wechselnden Mode unterworfenen, unter Anwendung von ausserordentlicher Sorgfalt und mit den besten Garnen angefertigten, meist wollenen Stoffe, die wir an den Anzügen der feinen Damenwelt zu Hause und mehr noch auf der Strasse zu bewundern Gelegenheit haben. Solche Gewebe können meist nur auf Ratières und Jacquards gewebt werden. Nur wenn die Mode das Neue nicht so sehr im Muster, als vielmehr im Stoffe sucht, reichen die gewöhnlichen Webstühle hin, vorausgesetzt, dass sie von einem äusserst sorgsamen und geschickten Arbeiter gehandhabt werden, und mit Regulatoren versehen sind.

Die Garne zu den Damenkleiderstoffen, welche für die Ketten regelmässig gezwirnt sind und daher nicht geschlichtet zu werden brauchen, werden aus dem Elsass, Frankreich und England bezogen. Von den Baumwollgarnen werden die gröberen Nummern, und zwar bis Nr. 50 (retort) im Elsass gekauft, die feineren Nummern dagegen in England. Dort werden dieselben bei weitem besser hergestellt als hier, was zum Theil seinen Grund darin haben soll, dass sich in England jede Fabrik fast ausschliesslich mit der Anfertigung einer bestimmten Nummer beschäftigt. Auch kommen sie verhältnissmässig billig, da der Zoll bei den höheren Nummern die Preise nicht in dem gleichen Grade erhöht, in welchem ihr Werth steigt.

Für den Ankauf von Wollengarn wird die sogenannte laine du nord aus Roubais bevorzugt. In neuester Zeit dagegen, seitdem die englischen Stoffe die Mode beherrschen, ist man genöthigt gewesen die ganz groben und harten englischen Wollen, die Mohairs, Alpacca, Lustre, Loden und wie sie alle heissen, aus England zu beziehen, trotzdem Fracht und Zoll ungefähr 6 % vom Einkaufspreis des Garns ausmacht.

Die Garne werden in Markirch selbst, und zwar für den Preis von 0,50 bis 2,50 fr. der Meter gefärbt. Nur eine

Firma lässt neben den in der Wolle gefärbten Sachen auch im Stück färben, was billiger ist, aber eine weit weniger schöne und haltbare Färbung liefert.

Den hauptsächlichsten Markt für die Damenkleiderstoffe bildet Deutschland selbst, und zwar vorwiegend Berlin. Nach den Angaben, welche die verschiedenen Fabrikanten mir über den Umfang ihres Absatzes gemacht haben, kann ich getrost behaupten, dass mindestens $^2/_3$ aller verkauften Waaren in Deutschland untergebracht werden. Der Rest geht nach Frankreich und Amerika und ein geringer Theil nach der Schweiz, Belgien und Italien.

Was nun die Chancen dieser Gewebe auf dem Weltmarkt betrifft, so sind dieselben für die Stapelartikel und die Neuheiten sehr verschieden. Beiden allerdings hat die Mode der letzten Saison schwere Nachtheile gebracht. Dieselbe ging im allgemeinen auf einfarbige Stoffe (étoffes unis), und vernachlässigte das Carreau ganz und gar. Da aber gerade letzteres die Stärke Markirchs ist — „si le carreau marche, St. Marie[1] est la reine“ wurde mir gesagt —, und die dortigen Firmen vielleicht auch bezüglich dieser Artikel etwas hartnäckig sind, wie ein anderer Fabrikant sich ausdrückte, so liegt augenblicklich die Fabrikation in Markirch sehr darnieder.

Dies betrifft vorzugsweise die Stapelartikel. Der Betrieb der Neuheiten hat in den letzten beiden Saisons durch eine andere Richtung der Mode gelitten. Es ist dies die schon angedeutetete Vorliebe für die Stoffe aus den ganz schweren und groben englischen Wollen, wie sie namentlich aus den Fliessen der Berghämmel und aus Ziegenhaaren gewonnen werden. Diese Modeänderung ist so gross, dass während früher für die Kette die Nummern 50 bis 60, und für den Einschuss 70—90 verwandt wurden, jetzt für erstere 12—20, für letztere 25—30 verlangt wird. Auch wird jetzt statt des feineren Kammgarns häufig eine Mischung von Streich- und Kammgarn beliebt.

Anscheinend haben sich die Markircher durch den Be-

---

[1] St. Marie aux mines ist der französische Name für Markirch.

zug dieser englischen Garne vor der Concurrenz der fertigen englischen Stoffe einigermassen zu sichern gewusst.

Ganz verschieden wurden die beiden Arten von Kleiderstoffen durch die französischen und amerikanischen Wollverhältnisse berührt.

Während die geringerwerthigen Stapelartikel durch die Einführung des Gewichtszolls in Frankreich eine, wenn auch nicht so beträchtliche Erhöhung des Zolles wie die Mouchoirs erfahren haben, hat jene Aenderung den auf den werthvollen Neuheiten ruhenden Zoll bedeutend herabgesetzt. Der Gewinn soll hier durchschnittlich 20 % des Werths der Gewebe betragen.

Auch die in Amerika eingeführte Zollerhöhung hat vorzugsweise die Stapelartikel betroffen, so dass der Absatz derselben dorthin sehr nachgelassen hat.

Ebenso ist die Concurrenz anderer Länder nur den Stapelartikeln gefährlich, während die den Neuheiten durch die Engländer bereitete Concurrenz nach der Ueberzeugung der meisten Markircher nur eine vorübergehende Rolle zu spielen berufen ist. Die Markircher fühlen sich stark genug, alle Nebenbuhler auf diesem Gebiete vermöge ihres Geschmacks, der Geschicklichkeit ihrer Weber und ihrer schönen Farben aus dem Felde zu schlagen. Der Absatz neuester Neuheiten (hautes nouvautés) nach Paris und Berlin ist nach wie vor ein bedeutender und lohnender.

Anders die Stapelartikel. Hier findet Markirch in der sächsischen Weberei einen fast unüberwindlichen Gegner. In baumwollenen Tüchern ist es hier namentlich Merane, in wollenen Gera, das überall vermöge der Billigkeit seiner Waaren siegreich durchdringt. „Sobald die Sachsen uns einmal ein Muster abgeguckt haben, ist gegen sie nicht mehr aufzukommen“, versicherte mir ein Fabrikant.

Die Carreaux können sie durchschnittlich 20 % billiger liefern als Markirch. So erzählte mir von einem bestimmten Artikel der Fabrikant, der ihn zuerst hatte herstellen lassen, er hätte 1,80 Mk. pro Meter gegolten. Kaum wird er von den Sachsen nachgeahmt, so sinkt sein Preis auf 1,40 Mk. herab.

Die Ursache, welche diese billigen Preise ermöglicht, liegt zum Theil wie in der Schweiz in den billigen Löhnen, die in Sachsen gezahlt werden, zum Theil in der Verwendung des mechanischen Webstuhls. Dieses letztere Moment ist es auch, das den Fabrikanten von Roubais ein grosses Uebergewicht gegenüber den Elsässern verleiht, welches allerdings nach dem übereinstimmenden Ausspruch meiner Gewährsmänner seit Einführung des neuen deutschen Zolltarifs durch die erheblichen Schutzzölle stark paralysirt wird.

Die Frage, ob und wieweit der Kraftstuhl jemals im Stande sein wird, die Handweberei ganz zu verdrängen, habe ich mit besonderem Nachdruck den verschiedenen Fabrikanten vorgelegt, und von ihnen ziemlich auseinandergehende Ansichten zu hören bekommen. Mit einem so allgemeinen Argument wie dies: „Es ist das der Gang der Industrie“, lässt sich natürlich gar nichts anfangen; es handelt sich vielmehr darum, die Antwort auf diese Frage aus den besonderen hier vorliegenden Verhältnissen zu finden. Wenn ich nun alles mir gegenüber Angeführte berücksichtige, so komme ich zu folgendem Ergebnisse.

Der Schnelligkeit und Billigkeit, mit welcher der mechanische Webstuhl arbeitet, steht nicht etwa technische Unmöglichkeit oder auch nur Schwierigkeit gegenüber, complicirtere Gewebe mit demselben anzufertigen. Es gibt kein noch so feines Muster, welches der mechanische Jacquard nicht mit derselben Güte herstellen könnte, wie der mit der Hand bewegte. Auch die Behauptung scheint nicht richtig zu sein, dass der mechanische Stuhl, der grösseren Spannung halber, in welche er die Fäden versetzt, stärkere Fäden braucht, wie der Handstuhl. Dem Uebelstande ferner, dass das Zerreissen der Fäden manchmal unbemerkt bleibt, und dann arge Fehler im Gewebe entstehen, hat man in neuerer Zeit, wie schon erwähnt, durch sinnreiche Vorrichtungen abgeholfen.

Der Unterschied beider Stühle liegt überhaupt nicht nur auf dem Gebiete der Technik, sondern ist vorwiegend ein ökonomischer. Die Vorbereitungen der Kette, insbesondere das Einziehen der Fäden, welches auch für den mechanischen Stuhl mit der Hand geschieht, erfordert eine verhältnissmässig so lange Zeit, dass der hierdurch entstehende Verlust an Ausnutzung der, gerade für jene feineren Sachen ausserordentlich theuren Maschinen nur bei sehr langen Ketten eingebracht wird. Gewebe von 100—300 m Länge würden daher, wenn auf Kraftstühlen gewebt, einen viel grösseren Theil der Zinsen des Anlagekapitals verschlingen, als die Summe beträgt, um welche die mechanische Herstellung im Uebrigen billiger ist, als die manuelle. Daraus folgt, dass alle die Gewebe, welche aus ökonomischen Gründen nur in geringen Quantitäten produzirt werden können, billiger auf Hand- wie auf Kraftstühlen gemacht werden.

Dies trifft fast stets zu bei den Neuheiten. Hier verlangt das Publicum nicht viel von demselben Stoff, sondern wenig von vielen Stoffen. Grosse Mengen desselben Musters würden keinen Absatz finden, und auf Lager gebracht würde die allmächtige Königin Mode ihnen eine Werthminderung von 30—50 % zudekretiren. Artikel dagegen, die man, weil sie zu allen Zeiten Abnahme finden, auf Lager arbeiten lassen kann, also die gerade von dieser Eigenschaft so benannten Stapelartikel, werden mechanisch sehr viel billiger gewebt als mit der Hand.

Daher denn die Thatsache, dass die Markircher Neuheiten, die sogenannten articles de St. Marie unter der Concurrenz der Kraftstühle gar nicht, die Stapelartikel dagegen sehr schwer unter ihr zu leiden haben.

Am schlagendsten wird die Richtigkeit dieser Behauptung durch die Thatsachen bewiesen, dass einige Markircher Firmen sowohl auf mechanischen wie auf Handwebstühlen arbeiten lassen, dass eine derselben, die älteste und bedeutendste im ganzen Thal, seit 20 Jahren das Verhältniss der Anzahl beider zu einander nicht geändert hat, dass endlich eine andere Firma, die ihre Rohstoffe theils von Hauswebern, theils in der Fabrik in Logelbach bei Colmar weben lässt, keine Gewebe, bei denen mehrere Schiffchen erforderlich sind, geschweige denn solche, die auf Ratières oder Jacquards hergestellt werden, in der Fabrik anfertigen lässt.

Zu allen den Ursachen, die wir im Vorhergehenden

für das Darniederliegen der Markircher Industrie angeführt haben, tritt noch als allgemein wirkend die Ueberproduktion hinzu, die nach dem übereinstimmenden Urtheil meiner Gewährsmänner in den letzten Jahren eingetreten ist. Man weiss, dass jede Industrie in gewissen Perioden solche Zeiten der Hochfluth und der Ebbe durchmacht. Ein Grund besonderer Besorgniss für die Lage Markirchs läge also nicht vor, wenn nicht alle jene vorhin angeführten speciell wirkenden Umstände ein solches Darniederliegen der Weberei in Markirch zur Folge gehabt hätte, wie es selbst im letzten Kriegsjahre nicht erlebt worden ist. In welchem hohen Grade das der Fall ist, wird unter anderem durch die ungeheure Verminderung der seit November 1884 an die Arbeiter ausgezahlten Löhne bewiesen. Eine der Firmen war so liebenswürdig, mir einen Einblick in die diesbezüglichen Bücher zu gestatten. Ich ersah daraus, dass von dieser Firma an Löhnen gezahlt worden war

November	1884	11 825 fr.
December	„	10 750 „
Januar	1885	9 200 „
Februar	„	5 700 „
März	„	5 200 „

Dieser Reflex der Lage der ganzen Industrie und der Lage der Arbeiter führt uns dazu, das Verhältniss derselben zu den Fabrikanten näher ins Auge zu fassen.

KAPITEL IV.

DIE WEBEREI IM WEILERTHAL.

A. DAS ÄUSSERE VERHÄLTNISS DER ARBEITER ZU DEN FABRIKANTEN.

Die Markircher lassen in drei verschiedenen Arten von Gebäuden ihre Gewebe anfertigen: in Fabriken, in Werkstätten (Ateliers) und in den Wohnungen der Arbeiter.

In den Fabriken arbeitet der mechanische Stuhl. Das Verhältniss der Arbeiter zu den Arbeitgebern wird hier vollständig durch das, in vorliegender Arbeit uns nicht interessirende Fabriksystem beherrscht.

Anders in den Werkstätten. Dies sind Gebäude, oft gewöhnliche Wohnhäuser, die von den Fabrikanten zur Aufstellung von Handwebstühlen entweder zu Eigenthum erworben oder gemiethet sind. Sie sind durchaus nicht mit den Fabriken auf gleiche Stufe zu stellen. Der Atelierweber unterscheidet sich vielmehr von dem Hausweber durch nichts weiter, als durch den Raum, in dem er schafft und dadurch, dass der Webstuhl auf dem er arbeitet nicht ihm, sondern dem Fabrikanten gehört. Eine Fabrikordnung im strengen Sinne des Wortes existirt nicht. Die ausschliesslich im Stücklohn beschäftigten Arbeiter können kommen und gehen wann sie wollen; Zuspätkommen, Verlassen des Raums oder Ausbleiben wird nicht bestraft. Sind die Bestellungen pressant, so werden die unthätigen Arbeiter entlassen, um Raum für die fleissigen zu schaffen. Die Lohnsätze sind für die Atelierarbeiter genau dieselben wie für die Hausarbeiter desselben Fabrikanten. Da nun ferner die Atelierarbeiter fast ausnahmslos an dem Orte selbst, in welchem sich die Werkstatt befindet, ansässig sind, so ändert die Arbeit in denselben auch bei Weitem nicht soviel an ihrer socialen Lage, als die Fabrikarbeit dies thut. Der Atelierarbeiter steht vielmehr im Allgemeinen auf derselben socialen Stufe wie der Hausweber. Oft kommt es auch vor, dass in derselben Familie sich beiderlei Arbeiter vorfinden. Der Vater oder erwachsene Sohn schafft in der Werkstatt, während die Mutter mit den andern Kindern theils den häuslichen Geschäften obliegt, theils im Hause am Webstuhl sitzt.

Ein wesentlicher gewerbetechnischer, die ökonomischen Verhältnisse bedeutend beeinflussender Unterschied aber zwischen Hausweber und Atelierarbeiter besteht darin, dass der letztere dauernd von einem Contremaître, Faktor beaufsichtigt wird, und man ihm daher schwieriger herzustellende Gewebe anvertrauen kann. Ferner erlaubt die grössere Höhe der Werkstattsräumlichkeiten hier auch Ratières und Jacquards aufzustellen, die man bei keinem einzigen Hausweber des Weilerthales findet. Diese beiden Umstände haben zur Folge, dass der Werkstättearbeiter, der die besser bezahlte Arbeit auszuführen erhält, mehr verdient als der Hausweber, eine Thatsache, die mich besonders abgehalten hat, die Lage beider Kategorien von Webern in derselben Untersuchung darzustellen.

Wie nun die bessere Arbeit vielfach Leute aus dem Haus in das Atelier lockt, so gibt es noch eine Reihe anderer Gründe, welche diesen Einfluss auszuüben im Stande sind. Erstens erfordert die Arbeit in der Werkstätte nicht die Kapitalanlage eines eigenen Webstuhls, was immerhin eine Ausgabe von 70—75 fr., und soll es ein breiter Stuhl sein, eine solche von 100 fr. bedeutet.

Für ledige Personen und kinderlose Eheleute kommt ferner hinzu, dass sie sich durch die Atelierarbeit im Winter die Heizung und das ganze Jahr hindurch die Beleuchtung ersparen. Schliesslich sei noch ein letzter für die Werkstätte sprechender Grund angeführt, den mir ein junger Bursche in

Weiler angab: „s'ist doch pläsirlicher mit dene viele Lüt' zusammen zu schaffen".

Im Weilerthal existiren fünf solche Ateliers, davon zwei in Weiler, eines in Meisengott und zwei in Steige.

Den grössten Theil ihrer Gewebe lassen die Markircher Fabrikanten durch Hausweber anfertigen. Es gibt deren in den meisten benachbarten Thälern; so im Leberthal selbst, im Weiler-, Stein- und Breuschthal; ferner in Tannenkirchen am Abhange des Tännchel und in der Illebene, besonders in Kestenholz, Hilsenheim, Muttersholz und einigen anderen Ortschaften.

Die Anzahl der im Weilerthal lebenden Hausweber festzustellen, ist nicht leicht.

Ebenso nämlich wie der aufsteigende Gang einer Fabrikindustrie sofort das Heer der Fabrikarbeiter um zahllose Rekruten sowohl, wie zur Disposition gestellte Kämpfer vermehrt, der Niedergang aber eine zahlreiche Menge wieder ausscheidet, in ganz derselben Weise findet der Markircher Fabrikant in den Zeiten des Aufschwungs eine Menge Leute, welche sich ihm als Arbeiter anbieten. Der Holzhauer wirft seine Axt bei Seite, der Feldbebauer lässt seinen Karst, mit dem er sonst als Tagelöhner oder auf gepachtetem Feld zu schaffen pflegte, in der Scheuer stehen und schlägt seinen seit lange auseinander genommenen und in verstecktem Winkel lagernden Webstuhl wieder auf, um sich an ihm mit müheloserer Arbeit einen höheren Verdienst zu verschaffen. In solchen Zeiten aber, wie sie jetzt herrschen, da wird ein Webstuhl nach dem andern abgeschlagen, und Feld und Wald, und Matte und Rebgelände begrüssen aufs Neue die alten Bekannten in ihrer Mitte.

Wen soll man nun bei einer statistischen Aufnahme als Weber rechnen? Natürlich nicht nur die Personen, welche im Augenblick Arbeit haben; denn die feiernden Weber können schon am nächsten Tage wieder ein Stück zum Weben bekommen. Falsch wäre es aber auch, nur diejenigen zu zählen, welche ihren Webstuhl noch nicht auseinandergenommen und bei Seite gestellt, oder wie der übliche Ausdruck lautet „abgeschlagen" (démonté) haben.

Denn dieser Entschluss, welcher das Ergebniss der widerstrebendsten Triebe und Empfindungen ist, beweist für die Weberqualität einer Person gar nichts, sondern liefert höchstens einen Beitrag zur Psychologie der Weberbevölkerung. Die Einen schleppen sich von Monat zu Monat mit der Hoffnung weiter, sich endlich doch wieder an den Stuhl setzen zu können, und behalten oft ein halbes Jahr und länger den unbequemen und im Verhältniss zu den bewohnten Räumlichkeiten einen ungemein grossen Platz beanspruchenden Webstuhl im Zimmer stehen. Nicht, als ob sie nur die Mühe des Abschlagens und wieder Aufschlagens scheuten, sondern weil sie fürchten, nach dem Abschlagen erst recht keine Arbeit mehr zu bekommen. Die Pessimisten und Ungeduldigen dagegen sind schneller bei der Hand sich eines Möbels zu entledigen, dessen Anblick ihnen nur die andauernde Beschäftigungslosigkeit ins Gedächtniss zu rufen geeignet ist. Auch der Unterschied, ob der Weber arm oder wohlhabend ist, hat auf den in Rede stehenden Entschluss grossen Einfluss; der letztere ist weit eher geneigt, zu riskiren, für eine längere Zeit einen Beruf aufzugeben, der zu seinem Lebensunterhalt nicht nöthig ist.

Andererseits kann man auch nicht alle Leute, die noch einen Webstuhl besitzen, denselben aber schon seit Jahren nicht mehr benutzen, zu den Webern rechnen. Gibt es dagegen Personen, die zwar früher gewebt, bei dem letzten besseren Gang der Industrie aber die Arbeit nicht wieder aufgenommen haben, so haben sie dadurch offenbar den Entschluss kundgegeben, die Weberei ganz aufzustecken.

Von diesen Grundsätzen ausgehend habe ich alle diejenigen Webstuhlbesitzer, die seit einem Jahre nicht mehr gewebt haben, bei meiner Aufnahme nicht mitgezählt.

Die Resultate derselben sind in der Tabelle I mitgetheilt.

Die absolut stärkste Anzahl von Weberhaushaltungen finden sich in Laach (118), Steige (99) und Neukirch (95). In zweiter Reihe folgen Meisengott (83), Grube (74), Diefenbach (73), Gereuth (72), in dritter Reihe St. Moritz (46) und Urbeis (42), in vierter Reihe Breitenau (30), Bassenberg (29), Breitenbach und St. Petersholz (28), Thannweiler (27), Triembach und Weiler (26). In letzter Reihe stehen St. Martin (18) und Erlenbach (9).

Den grössten Procentsatz aller Haushaltungen bilden die Weberfamilien in den drei Berggemeinden des vorderen Thales. Gereuth (48,3 %), Diefenbach (64,6), Neukirch (63,7), ferner in St. Moritz, einer Thalgemeinde des vorderen Thales, (58,2 %) und in Laach im südlichen Winkel des hinteren Thales (59,9 %). Zwischen 30 und 40 % weisen auf die Gemeinden Thannweiler, Bassenberg, Breitenau, Grube, Steige; Meisengott hat 42,5 %. Zwischen 15 und 30 % zeigen Triembach, Urbeis, St. Petersholz und St. Martin. Am geringsten ist die Weberbevölkerung vertreten in Breitenbach (10,8 %), Weiler (9,3 %) und Erlenbach (4,7 %).

Die Gesammtzahl der Weberfamilien beträgt 923, welche zusammen 4400 Hausgenossen haben. Da die Zahl aller Haushaltungen 2552, die aller Thalbewohner 12 880 beträgt, so bilden die Weber 31,4 % der ersteren und 34,5 % der letzteren.

Man kann also sagen, dass ungefähr der dritte Theil der Weilerthaler Bevölkerung der Weberei angehört.

Das äussere Verhältniss nun, in welchem diese Weber zu den Fabrikanten stehen, ist vollständig das von Arbeitern zu Arbeitgebern. Die Hausweber haben, wie das bei andern Hausindustrien[1] häufig vorkommt, weder selbst für die Beschaffung des Rohstoffes, noch selbst für den Absatz des Fabrikates Sorge zu tragen, noch haben sie selbst die Art des Fabrikates zu bestimmen. Sie erhalten vielmehr vom Fabrikanten ein bestimmtes Quantum Garn, und müssen dieses zu einem bestimmten Gewebe verarbeiten, welches sie gegen Ausbezahlung des nach dem Stück berechneten Lohnes an den Fabrikanten wieder abzuliefern haben. Zweierlei unterscheidet sie nur von Fabrik- und Atelierarbeitern. Sie arbeiten in der eigenen Wohnung und am eigenen Webstuhl.

---

[1] Beispielsweise bei den von Dr. E. Sax beschriebenen Hausindustrien Thüringens (zwei Theile, Jena 1884 u. 1885).

Früher in den Zeiten der Hochfluth kam es wohl vor, dass die Fabrikanten den Hauswebern Stühle liehen, oder gegen allmähliche Abzahlung hergaben. Doch war dieser Modus bei den Webern nicht beliebt, weil sich der Fabrikant natürlich das Arbeiten für die Concurrenten auf seinem Webstuhl verbat. Jetzt trifft man manchmal Webstühle an, die von einem Dorfgenossen, der die Weberei aufgegeben hat oder der nach Frankreich gewandert ist, oder dessen Vater verstorben ist, während er selbst die Weberei nicht gelernt hat, gegen einen jährlichen Zins von 5—6 fr. geliehen sind.

Der Verkehr zwischen den Fabrikanten und den Hausarbeitern ist entweder ein direkter oder wird durch Faktore, Depotinhaber vermittelt. Depots finden sich in Steige, Meisengott, Weiler, Bassenberg, St. Moritz, Laach, Gereuth und in einigen dem Weilerthal nahegelegenen Ortschaften, wie insbesondere Kestenholz. Dieselben vermitteln den Verkehr des Fabrikanten sowohl mit den Angehörigen der Gemeinde, in welcher sich das Depot befindet, als auch mit Einwohnern der umliegenden Ortschaften. Haben die Fabrikanten in den oben genannten Ortschaften ein Atelier, so ist es regelmässig der Contremaître derselben, welcher zugleich das Depot für die ausserhalb beschäftigten Weber hat. Ist das nicht der Fall, so wählen sich die Fabrikanten entweder den Contremaître eines andern Fabrikanten, oder wenn irgend möglich gutsituirte Leute, die, wenn auch nicht immer, so doch häufig selbst die Weberei als Nebenbeschäftigung betreiben, zu diesem schwierigen Amte aus. Denn ein solches ist es. Der Depotinhaber haftet mit seinem eigenen Vermögen für allen von den Webern verursachten Schaden. Wenn nun diese Verpflichtung sich auch in der Theorie vielleicht gefährlicher ausnimmt, als sie in der Praxis gehandhabt wird, so lastet doch eine schwere Verantwortung auf ihm, und immerhin kommt es zuweilen vor, dass er für die Ersatz- und Strafgelder, welche er an den Fabrikanten aus eigener Tasche abgeführt hat, thatsächlich keinen Regress gegen den Weber nehmen kann. Der Entgelt, welchen der Faktor für seine Mühewaltung erhält, richtet sich nach dem Umfange, nicht aber nach der Qualität der Gewebe, die er an die Arbeiter übermittelt hat. Gewöhnlich hat er vom abgelieferten Tüchel oder vom Meter Stoff 0,01—0,02 fr.

Die Rohstoffe und die Fabrikate lassen die Fabrikanten in den durch den Gang der Geschäfte sich als erforderlich zeigenden Zeitpunkten, sei es im eigenen oder in gemietheten Fuhrwagen hin und her transportiren. Die Fuhrleute bezahlt der Fabrikant; nur die Aktiengesellschaft in Hüttenheim verlangt von ihren Depotinhabern die Bezahlung derselben.

Ist nun eine Sendung mit Rohstoffen angekommen, so ist es Sache des Faktors diese nach seinem Gutdünken zu vertheilen. Er hat die Instruktion, hierbei sowohl auf die Tüchtigkeit des Arbeiters, wie auch auf seine Bedürftigkeit Rücksicht zu nehmen. Das erstere zu befolgen heisst ihn sein eigenes Interesse, denn er ist für die Güte des Gewebes verantwortlich, das zweite befiehlt ihm der im Volk so ungemein stark entwickelte Gerechtigkeitssinn. Ein Faktor, der die besser situirten Leute bei der Vertheilung bevorzugen würde, vielleicht um sich von diesen eine Extravergütung dafür geben zu lassen, würde in dem Dorf bald eine solche Erbitterung hervorrufen, dass es ihm unmöglich wäre, sein Treiben länger fortzusetzen. In der That sind mir auch niemals derartige Klagen über die Faktoren zu Ohren gekommen.

Eine Uebervortheilung der Weber seitens der Depotinhaber durch Verkürzung des Lohnes, wie sie bei anderen Hausindustrien häufig vorkommt, ist durch die Art und Weise in welcher die Arbeit vermittelt wird, ausgeschlossen.

Die zu einem Gewebe nothwendige Wolle, Kette und Einschussgarn wird ein „Stück“ oder — pars pro toto — auch Kette schlechthin genannt. Die Quantität desselben hängt von der Anzahl Zeichen (marques), die die Kette hat ab, von denen jedes ein Gewebe von circa 7 m Länge abgibt. Zu jedem Stück fügt der Fabrikant 2 Zettel, Stückzettel (billets) genannt, hinzu, einen für den Faktor und einen für den Weber. Auf diesen steht neben anderen rein technischen und kaufmännischen Bestimmungen, wie z. B. die Dichte des Gewebes, die Art und Weise der Musterherstellung, die Nummer des Musters im Hauptbuch, auch die Länge der Kette und der Arbeitslohn (prix de façon) aufgezeichnet. Mit seinem Stück nimmt nun der Weber auch seinen Stückzettel mit, steckt ihn zu Hause regelmässig in eine Spalte des Webstuhles, damit er ja nicht verloren geht, und bringt ihn nach Vollendung der Arbeit dem Faktor zurück. Dieser lohnt ihn aus, bemerkt das auf dem Zettel, und sendet diesen sowie den eigenen Stückzettel mit der fertigen Waare dem Fabrikanten zu.

Halten die Fabrikanten kein den Weilerthalern erreichbares Depot, so sind die Arbeiter genöthigt, sich die Wolle selbst zu holen und das Fabrikat selbst abzutragen. Um nach Markirch zu gelangen gehen dann die Leute auf einem der beiden im Kapitel I erwähnten Wege nach Wansel oder Leberau, von wo aus sie die Eisenbahn benutzen. Ein Retourbillet von Leberau bis Markirch kostet sie 0,45 Mk. Umständlicher ist der Transport nach Rappoltsweiler. Hier müssen die Leute — oft von einem Orte des hinteren Thales aus — bis zur Station Weilerthal laufen, um von dort mit Eisenbahn und Tramway nach dem Ziel zu fahren. Zur Hin- und Rückreise ist ein ganzer Tag erforderlich, welcher, das Zehrgeld eingerechnet, die Leute mindestens auf 3 Mk. zu stehen kommt. Diese Ausgabe ist um so drückender, wenn in so schlechten Zeiten, wie sie jetzt herrschen, die Leute oft 4—5 mal nach Rappoltsweiler sich aufmachen „luige, obs nichts zu schaffen gibt". Immer wieder mit leeren Händen zurückkommend, zehrt der Mann auf diese Weise schon im Voraus den ganzen Lohn für eine Kette auf, wenn er wirklich so glücklich ist, schliesslich noch eine zu erhalten. Es gibt übrigens auch Weber, wenn auch nicht viele, die den ganzen Weg bis Rappoltsweiler zu Fuss zurücklegen.

Die Regelung der Löhnung erfolgt auch bei dem direkten Verkehr zwischen Arbeitern und Arbeitgebern durch Stückzettel.

B. DIE VERTHEILUNG DER ARBEITEN.

Die Hausweber des Weilerthales haben nun aber nicht sämmtliche, und nicht immer die gleichen der verschiedenen zur Herstellung eines Gewebes erforderlichen Arbeiten zu verrichten. Die Vertheilung derselben ist vielmehr folgende.

Obwohl das Garn für die Kette meistentheils in aufgespultem Zustand aus der Fabrik bezogen wird, so gibt es doch auch Fabrikanten, welche es in Markirch selbst, und zwar von den Arbeitern in deren Häuser spulen lassen.

Das Scheeren der Kette geschieht regelmässig in den eigenen Räumen des Fabrikanten, welche sich meist mit dem Comptoir und den Lagerräumen in demselben Gebäude befinden.

Hinsichtlich des Aufbäumens und des damit verbundenen Schlichtens bestehen aber wesentliche Unterschiede. Während die meisten Ketten von den Hauswebern selbst — manchmal auf besonders hierzu eingerichteten Webstühlen — aufgebäumt und, falls es erforderlich ist, geschlichtet werden, lassen einige derselben die Mouchoirs, und zwar insbesondere die Calcuttatüchel mit einer Maschine aufbäumen und schlichten. Der Weber erhält dann den ganzen Garnbaum sammt der darauf aufgewickelten Kette, und muss ihn, da gerade die Fabrikanten, die dies System befolgen, Depots nicht haben, den ganzen weiten Weg auf dem Rücken schleppen. Namentlich für die von Rappoltsweiler aus beschäftigten Weber ist dies eine starke Zumuthung. Oft begegnete ich solchen Leuten, die unter der Last von 15 Kilo gebückt dahinzogen. Als Transportmittel dient ein sogenannter Rückkorb (Hotte), der mit Riemen an die Schultern geschnallt wird. In denselben hinein wird die Einschusswolle gethan, während der Garnbaum quer darüber geschnallt wird. Ich selbst habe mir einen so beladenen Korb umschnallen lassen, um zu fühlen wie er sich trägt. Abgesehen davon, dass es in der That eine schwere Last ist, genirt der lang heruntergehende Korb auch entschieden beim Gehen, indem der unterste Theil desselben bei jedem Schritt zwischen die Beine des Gehenden schlägt.

Das Einziehen der Kette in das Geschirr, welches letztere übrigens (seiner Wichtigkeit für die Güte des Gewebes halber) vom Fabrikanten geliefert wird, sowie das Andrehen an eine alte Kette wird natürlich stets beim Weber selbst besorgt.

Das Einschussgarn wird entweder in gespultem Zustand aus der Spinnerei bezogen, oder aber, wenn die Geschäfte schlecht gehen, in Strängen gekauft und dann dem Weber zum Spulen gegeben. Hierfür erhalten sie 0,02 bis 0,05 fr. mehr für den Meter Fabrikat. Diese Vergütung ist jedoch im Verhältniss zu dem durch das Spulen verursachten Zeitverlust und zu dem Lohn, den der Weber in derselben Zeit durch das eigentliche Weben verdient, viel zu gering. Allein der Fabrikant speculirt darauf, dass die Arbeit des Spulens eine leichte ist, und dass dem Arbeiter in seiner Familie eine Anzahl Hände zur Verfügung stehen, die dieselbe verrichten können und verrichten müssen, ohne dafür vom Vater eine Vergütung beanspruchen zu können, deren Rückerstattung ja schliesslich doch dem Fabrikanten obläge.

Die Leute fühlen diese Art Ausbeutung sehr wohl; bei Angabe ihres Verdienstes pflegen sie daher stets hinzuzusetzen: „Das ist aber für Zweie". „Da müssen Zweie daran schaffen" u. drgl. Wenn nun auch nicht anzunehmen ist, dass das Spulen für ein Stück von bestimmter Länge die gleiche Zeit und Mühe erfordert, wie das Weben desselben Stückes,[1] so muss doch immerhin eine ganz beträchtliche Arbeitsleistung durch den für das Weben allein bestimmten Lohn mitbezahlt werden.

Ist der Weber oder die Weberin aber ledig, oder existiren in der Familie keine zum Spulen geeigneten Personen, so gibt das einen Anlass zur Bildung von Lohnarbeitsverhältnissen, in welchen die Weber selbst die Rolle von Arbeitgebern spielen.

Der Fall kommt allerdings so selten vor, und die Löhnung geschieht auf so verschiedene Art und variirt so sehr, dass sich aus den aufgestöberten Fällen leider kein

---

[1] Genaue Angaben hierfür konnte ich nicht erzielen.

Schluss auf den Werth der Spularbeit im Verhältniss zur Weberarbeit machen lässt.

Eine alte 86jährige Frau in Neukirch erhält beispielsweise für das Spulen des Einschusses zu einem Stück von circa 7 Zeichen, welches der Weber mit 18—20 fr. bezahlt erhält, 3—3,50 fr. Die Spulerinnen (dévideuses) in den Ateliers in Steige erhalten dagegen 1,20 fr. für ein Zeichen. Eine verwittwete Weberin in Neukirch gab an, 1,20 Mk. täglich zu verdienen, von dieser Summe aber 0,48 Mk. der Spulerin abgeben zu müssen. In St. Petersholz fand ich einen alten Mann, der das Spulen gegen Bezahlung von 2 Sou pro Meter und Verabreichung von Kost zu übernehmen pflegte. In Diefenbach besorgt ein früherer Weber das Spulen von 12 Strängen Garn für 2 Sou. Ein „alter Bettelmann“ im selben Ort begnügte sich gar mit einem Tagelohn von 3 Sou.

Man sieht: 6 Fälle und ebenso viel verschiedene Löhnungsarten! Es wäre vielleicht nicht unmöglich, dieselben alle auf einen Maassstab zu reduziren, die Mühe würde sich aber durchaus nicht lohnen, das Resultat wäre eine völlige Nichtübereinstimmung der verschiedenen Sätze. Allein gerade diese Verschiedenheit, wenn sie uns auch über den Werth der Spularbeit im Unklaren lässt, lehrt uns etwas anderes weit wichtigeres erkennen. Sie lässt uns einen Blick in das sociale Wesen dieses Arbeitsverhältnisses thun, welchen durch persönliche Eindrücke zu ergänzen ich in der Lage bin. Das ganze Verhältniss wird beherrscht durch die Gefühle der Freundschaft und des Mitleids. Und zwar findet man diese auf beiden Seiten als Motive wirkend. Man hilft seinem Nachbar aus Freundschaft aus, wenn man gerade nichts anderes zu thun hat, und lässt sich dafür, wenn überhaupt etwas, nur eine geringe Entschädigung zahlen. Man will seinem guten Freund und Nachbar, der augenblicklich nichts zu schaffen hat, eine Kleinigkeit zu verdienen geben, und lässt ihn daher spulen. Mitleid mit dem alleinstehenden Nachbar, der Niemanden zum Spulen da hat, und Mitleid mit dem alten und schwachen zur eigentlichen Weberarbeit untauglich gewordenen Dorfgenossen ist es, das zum Spulenlassen bei fremden Leuten führt.

Sehr bezeichnend für das Wesen dieses Verhältnisses ist die Antwort, die mir auf eine meiner diesbezüglichen Fragen in Erlenbach wurde: „Wir helfen uns gegenseitig gegen ein Trinkgeld aus“.

Ausgeschlossen ist damit natürlich nicht, dass auch Leute aus dem Spulen für Fremde ein Gewerbe machen; allein dieser Fall kommt nur selten vor.

Anders steht es mit dem sogenannten Andrehen der Kette. Die Veranlassung dazu, dass sich auch hier Arbeitsverhältnisse unter der Weberbevölkerung gebildet haben, ist der Umstand, dass diese Verrichtung grosse Geschicklichkeit und Uebung erfordert. Und nun, wie charakteristisch! hier wo der fremde Arbeiter zugezogen wird, weil seine Arbeitsleistung einen grössern Werth hat, als die eigene, hat sich auch ein ziemlich fester Lohnsatz gebildet. Die Andreherin erhält in allen Dörfern, wo ich solche vorfand, 10 Sou für das Andrehen einer Kette. Die Arbeit dauert gewöhnlich 3—4 Stunden. Erfordert die Breite der Kette eine längere Arbeitszeit, so erhält das Weib gewöhnlich noch die Mittagskost. Nur einen alten schwachen Mann fand ich, dessen Andreharbeit bloss mit 8 Sou gelohnt wurde.

Uebrigens wird die fremde Andreharbeit in den jetzigen schlechten Zeiten immer weniger gesucht; die Weber fangen vielmehr an, diese schwierigere Arbeit selbst zu lernen, um sich auch diese, wenn auch nur geringe Ausgabe zu ersparen. Sehr interessant ist es daher, dass ich jene gewerbsmässigen Andreherinnen in drei der ärmsten Dörfer, Laach, Gereuth und Diefenbach fand — die ersten beiden sind zweifellos die ärmlichsten im ganzen Thal —; die Noth der Dorfgenossen ist hier so gross, dass die einmal bestehende Arbeitsquelle der Afterarbeiter sich auch gegen die eigene Bedrängniss der Arbeitgeber aufrecht zu erhalten vermag.

Eine ähnliche Bewandtniss wie mit dem Andrehen, hat es mit dem Einziehen der Kette. Diese Arbeit wird zuweilen durch fremde Weiber besorgt, einmal weil auch dies eine gewisse Geschicklichkeit voraussetzt, und dann weil hierzu zwei Personen nöthig sind. Auch hier besteht ein fester Lohnsatz. Die Afterarbeiterin erhält für das Einziehen einer Kette 15 Sou. Diese Arbeit ist übrigens nur selten nöthig, da in jedem Jahr das Geschirr höchstens einmal gewechselt wird, und sonst die neue Kette gewöhnlich durch Andrehen befestigt wird.

Von einer andern social-ökonomischen Erscheinung, die durch die Benennung der betheiligten Personen („Gesellen") zu der irrthümlichen Annahme eines Arbeitsverhältnisses Anlass geben könnte, wird späterhin die Rede sein.

C. DIE LÖHNUNG.

Die Höhe des Lohnes richtet sich nach der Art des anzufertigenden Gewebes. Von Einfluss ist hier der Stoff, der Artikel und die Dichtigkeit des Gewebes.

Was den Stoff anbetrifft, so wird die Wolle am besten bezahlt. Dieselbe ist an und für sich werthvoller und vor allem schwieriger zu weben.

Von den verschiedenen Artikeln erzielen die Tüchel die geringsten, die Neuheiten die höchsten Löhne.

Die Dichtigkeit des Gewebes wird, je nachdem es sich um Kette oder Einschuss handelt, auf verschiedene Weise bezeichnet. Erstere zeigt die Nummer des Geschirres an. Man unterscheidet danach eine achtzehner, zwanziger, zweiundzwanziger Kette und andere mit Nummern ähnlicher Höhe. Diese Zahl wird höchst eigenthümlicher Weise durch die Zahl der Fäden gefunden, welche durch einen Rietkamm von 86,5 cm Breite gehen. Ebenso wie hier gibt auch bei Bestimmung der Einschussdichtigkeit ein älteres Maass den Maassstab ab. Man klassirt nach der Menge der Fäden, welche in den Raum eines alten Viertelzolls einzuschiessen sind. Je höher die Geschirrnummer und je mehr Einschussfäden zu verweben sind, desto besser wird natürlich die Arbeit bezahlt.

Die Löhne sind nun in den letzten schlechten Zeiten sehr herabgedrückt worden, allerdings von den verschiedenen Fabrikanten in verschiedenem Maasse.

Als Löhne für Anfertigung der Tüchel sind mir von den Fabrikanten A., B., C., D. folgende angegeben. Sie verstehen sich in Centimes für ein Tüchel.

	A.	B.	C.	D.
Calcutta	17	16	18 (85 cm breit) 17 (80 cm „)	20
Bombay	16	13		
Milanaise	14	12		
Pignasse	14	12		
Cotelet	10	13		

Als Lohn für Stapelartikel wurden mir 18, 20, 24, 25 Centimes pro Meter angegeben, während Neuheiten mit 0,40 bis 0,60 fr. pro Meter bezahlt werden sollen.

Der durchschnittliche Tagesverdienst, den die Weber nun mit diesen Löhnen erreichen, wurde mir sehr verschieden angegeben. Es beruht dies, ausser auf der Verschiedenheit der Löhne selbst, darauf, dass manche Weber nur gegen 6—7, andere aber 8—9 Meter den Tag über zu Stande bringen. Am wenigsten verdienen die Leute in Charbes (Laach), wo fast ausschliesslich Cotelets, zu 2 Sou das Tüchel, gewebt werden. Fast durchgehends wurde mir hier als täglicher Verdienst die Summe von 80 Pfg. angegeben, manchmal sogar 60 Pfg., selten 1 Mk., aber niemals darüber hinaus. Aehnlich stehen sich die Weber in andern Gemeinden, die vorwiegend auf die Mouchoirs, namentlich die geringeren Sorten angewiesen sind.

Etwas besser, aber immer noch schlecht genug, sind die Arbeiter gestellt, welche baumwollene Stapelartikel zum Weben erhalten. Sie haben einen durchschnittlichen Tagesverdienst von 1 Mk. bis 1,20 Mk. während die Verfertiger von wollenen Stapelartikeln 1,20 bis 1,60 Mk. pro Tag verdienen. Neuheiten, die nur äusserst selten ins Weilerthal kommen, bringen dagegen 2 bis 2,40 Mk., ja sehr guten Webern sogar 3 Mk. täglich ein.

Die ungeheure Mehrzahl der Weilerthaler Weber hat einen Durchschnittsverdienst von 80 Pfg. bis 1,20 Mk. Wahrlich ein klägliches Einkommen. Und um das zu erringen müssen zwei Personen arbeiten, und von diesen die eine den ganzen Tag von früh Morgens bis spät in den Abend, ja in die Nacht hinein! Dass dieser geringe Verdienst allerdings zum Theil von den Webern selbst verschuldet ist, wird weiterhin besprochen werden.

Der Lohn wird von sämmtlichen Firmen mit Ausnahme einer einzigen baar ausgezahlt. Diese letztere hat das Trucksystem, welches hier durch kein Gesetz verboten ist,[1] im weitesten Umfang durchgeführt. Auf dem Stückzettel, den der Weber erhält, findet sich meist, aber nicht immer, eine Notiz, welche die Baarlöhnung ausschliesst: Bezahlung in Tuch oder anderen Waaren und dergleichen. Hat der Weber sein Stück fertig, so wird er in das Magazin geführt und darf sich dort das Tuch aussuchen. Natürlich wird ihm dieses nicht zu dem gleichen Preise verabfolgt, zu welchem es der Kaufmann erhält. Das gestand die Inhaberin der Firma mir selbst ein. Ob nun aber der Preis auch unter den Detailpreis des Kaufmanns herunterging, konnte ich nicht mit Sicherheit feststellen. Einige Weber behaupteten es ebenso steif und fest, wie die andern es mit Entschiedenheit leugneten. Darin aber waren die Arbeiter einig, dass das System ihnen höchst nachtheilig sei, es verführe entweder zu unnützen Ausgaben für Kleiderstoffe, oder bringe beim Wiederverkauf beträchtlichen Verlust. Die Arbeit bei dieser Firma wird daher allgemein nur als letzte Zuflucht angesehen, die allerdings bei den jetzigen schlechten Zeiten recht oft aufgesucht wird.

Auf den zu beziehenden Lohn werden hin und wieder den ganz bedürftigen Leuten bei Uebergabe des Garnes kleine Vorschüsse gemacht. Grössere Darlehen dagegen, wie sie in den früheren günstigen Zeiten an der Tagesordnung waren, kommen seit 1870 nicht mehr vor. Auch damals wurden übrigens diese Vorschüsse, die sich oft auf einige Hundert Mark beliefen, von den Fabrikanten nicht dazu gemissbraucht, die Leute an sich zu fesseln. Man war nicht gebunden, versicherten mir mehrere Faktoren

---

[1] Die deutsche Gewerbeordnung ist in Elsass-Lothringen nicht eingeführt, und die französische Gesetzgebung kennt jenes Verbot nicht.

und Weber. Ein Wechsel der Fabrikanten wurde sogar dadurch erleichtert, dass der neuerwählte Fabrikant die Darlehnsforderung des früheren, welche in dem Arbeitsbuch der Weber aufgezeichnet wurde, regelmässig übernahm, indem er die Schuld an den alten Fabrikanten abzahlte.

Abzüge am Lohn können aus drei Gründen gemacht werden: wegen fehlerhafter Arbeit, wegen mangelnden Gewichts im Stoff und wegen zu später Ablieferung.

Obwohl die Strafe für letztere auf jedem Stückzettel angedroht ist, wird sie doch, wenigstens bei dem jetzigen flauen Gang der Geschäfte, niemals eingezogen. Ist wirklich einmal eine Arbeit pressant, oder behält der Weber eine Kette, sei es aus Trägheit, sei es krankheitshalber zu lange im Hause, so nimmt sie der Faktor von ihm, soweit es noch möglich ist, einfach zurück, und überträgt sie einem andern Weber.

Die Unterschlagung von Rohstoffen soll nach dem Ausspruch einzelner Fabrikanten und Faktoren nicht allzu selten vorkommen.

Besonders schwierig ist hier die Controle der baumwollenen Stoffe, welche geschlichtet werden müssen, da die hierdurch entstehende Zunahme an Gewicht eine sehr verschiedene sein kann. Noch vermehrt wird diese Unzuträglichkeit durch das nasse Einschützen des Garnes. Auch durch mehr oder minder straffe Spannung der Kette kann ein grosser Unterschied in der Länge des fertig gestellten Gewebes erzielt werden.

So zeigte mir ein Fabrikant aus seinen Büchern, wie von dem gleich grossen Mouchoir-Artikel von 10½ Zeichen ganz verschiedene Mengen von Tüchel — die Zahlen stiegen von 79 bis 85 — abgeliefert worden waren.

Die Möglichkeit solcher Schwankungen hat übrigens zu der Bestimmung Anlass gegeben, dass bei Ablieferung des Fabrikates 200 gr von dem Gewicht des Rohstoffes fehlen dürfen.

Klagen seitens der Weber, dass die Fabrikanten etwa die Rohstoffe in zu nassem Zustande ihnen lieferten, um nachher von dem Fabrikat ein grösseres Gewicht, als sie es bei ordnungsmässiger Behandlung haben, beanspruchen zu können, sind mir niemals zu Ohren gekommen. In dem Recht, wegen mangelhafter Ausführung der Arbeit Abzüge von dem zugesagten Lohn machen zu dürfen, besitzt der Fabrikant eine grosse Macht gegenüber dem Arbeiter. Ich darf es aber mit gutem Gewissen aussprechen, dass diese nicht missbräuchlich angewandt wird. Eine Entschädigung für den geringeren Verkaufswerth der fehlerhaften Waare verlangt der Fabrikant überhaupt selten, in den meisten Fällen stellt der Abzug nur eine Strafe dar, die vornehmlich als Warnung für künftige Fälle dienen soll. Nur eine Firma verlangt, dass der Weber die ganz missrathenen Mouchoirs behalte. Er muss dann ein Tüchel, für welches er 12 Pf. Macherlohn erhalten hätte, mit 60 Pf. dem Fabrikanten abnehmen. Verkauft der Weber es nun wieder, so erhält er nur 24 Pf. dafür.

Im Allgemeinen kann man behaupten, dass die Abzüge nur aus gerechtem Grunde und nicht zur Chikane oder des Lohndrückens halber vorgenommen werden. Wenn mir auch über eine nicht in Markirch ansässige Firma Klagen über ungerechte Abzüge vorgetragen wurden, so versicherten mir verschiedene andere Weber, dass dieselben unbegründet seien und von schlechten Arbeitern herrührten, die die Abzüge wirklich verdienen.

Dagegen herrscht unter allen Betheiligten eine einstimmige, nicht Klage, sondern Empörung über das Abzugsystem der Aktienfabrik in Hüttenheim. In zwei Dörfern, Gereuth und Meisengott, hatte dieselbe je ein Depot. Von den Inhabern derselben war der in Meisengott im Begriff die Geschäfte mit der Firma abzuwickeln, während der in Gereuth dies bereits gethan hatte. Hier, in diesem elenden Dorf, hatten 43 Weber dem Faktor erklärt, sie wollten lieber hungern, als sich so noch weiter ausbeuten lassen. Neben den denkbar niedrigsten Lohnsätzen — 0,12 fr. für den Meter Kleiderstoff — Abzüge, die die Hälfte des Lohnes nicht nur oft erreichten, sondern manchmal sogar überstiegen. So hatte die letzte Sendung nach Gereuth einen Soll-Lohnwerth von 185,60 Mk. repräsentirt, und von dieser Summe waren 52,50

Mark abgezogen worden. In Meisengott versicherte man mir, dass die Hüttenheimer bei Geweben, die völlig fehlerfrei seien, Abzüge machten, dass also dieses System nur ein verstecktes Herabdrücken der Löhne darstelle. Man zeigte mir die Bücher über die für Hüttenheim gelieferten Stücke. Es war aus ihnen ganz deutlich ersichtlich, wie die Fabrik mit jedem Monat grössere Abzüge gemacht hatte. Bei der letzten Sendung waren von dem Lohne jedes Drittelstücks, der 5,20 Mk. betrug, den einzelnen Webern folgende Summen abgezogen worden:

0,25	Mk.	1	mal.
0,50	"	1	"
0,80	"	1	"
1,00	"	5	"
1,50	"	7	"
2,00	"	8	"
2,50	"	5	"
3,00	"	1	"
48,55	Mk.	in 29	Fällen.

29 Weber hatten für Hüttenheim gearbeitet, und 29 Abzüge waren gemacht worden. 150,80 Mark hatte die Firma versprochen zu zahlen und 102,25, also $^2/_3$ des versprochenen Lohnes hatte sie gezahlt.

Glücklicher Weise ist jetzt die Arbeit für Hüttenheim aus dem Weilerthale verschwunden.

Das innere Verhältniss der Arbeiter zu den Markircher Fabrikanten kann man dagegen als ein durchaus gutes bezeichnen. Ich habe nirgends irgendwelche Gereiztheit der Arbeiter gegen ihre Arbeitgeber gefunden. Auf der andern Seite muss man aber sagen, dass diese sich einer moralischen Verantwortlichkeit, welche sie gegen die von ihnen beschäftigten Arbeiter hätten, absolut nicht bewusst sind. Während einige derselben das Loos ihrer Fabrikarbeiter durch Einrichtung von allerhand Kassen und gemeinnützigen Instituten in jeder Weise zu heben suchen, lässt sie das Schicksal ihrer Hausweber völlig kalt. Das ging soweit, dass, als Ausgangs Winters 1884/85 zur Zeit der höchsten Noth der Frauenverein und andere mildthätige Vereine die Markircher Fabrikanten zu Unterstützungsbeiträgen aufforderten, diese hierzu nicht erbötig waren.

D. DIE LAGE DER HAUSWEBEREI.

Fragen wir nach der allgemeinen Lage der Weilerthaler Hausweberei, so stossen wir auf ein wahres Elend. Ueberall die bittersten Klagen über eine seit Wochen und Monaten andauernde Beschäftigungslosigkeit. „Seit Allerheiligen 2—3 Stücke, von denen eines 18—20 fr. eingetragen. Und um diese zu bekommen, oft 3—4mal vergeblich Geld verfahren; wir haben fast nichts eingenommen.“ So lautete die stehende Antwort auf meine diesbezüglichen Fragen. Die Verdienstlosigkeit im Weilerthal war aber im letzten Winter noch viel grösser, als dies der, wenn auch noch so schlechte Gang der Geschäfte in Markirch hätte vermuthen lassen. Worin hat das seine Ursache? Dieselbe ist in mancherlei Umständen gesucht worden. So hat man behauptet, es läge in der Schmalheit der Weilerthaler Webstühle. Könnten sie breitere Gewebe machen, so erhielten sie auch mehr Arbeit, da die breiteren Stoffe mehr Absatz fänden, wie die schmaleren. Ich habe diese Frage auf das eingehendste studirt. Sie schien mir dessen sehr werth zu sein, weil die Regierung sich mit dem Gedanken trug, Tausende von Mark für eine Erbreiterung der Webstühle auszugeben. Ich habe zu diesem Ende vor Allem einmal die Breite sämmtlicher Webstühle, so weit sie mir zugänglich waren, gemessen, und folgendes gefunden. Von sämmtlichen 1089 gemessenen Webstühlen haben

9	eine Breite	geringer als	99	cm.
188	„ „	von	100—109	„
359	„ „	„	110—119	„
298	„ „	„	120—129	„
159	„ „	„	130—139	„
48	„ „	„	139—149	„
28	„ „	„	über 149	„

Die breitesten Stühle sind in Steige und Meisengott, dort 29 hier 21 von einer Breite von 140 cm und darüber.

Es hat dies seinen Grund darin, dass die Firma, welche dort die meisten Weber zählt, vor einigen Jahrzehnten den Webern Vorschüsse zur Erbreiterung der Stühle gemacht hat. Während in den übrigen Gemeinden diese Anerbietungen zurückgewiesen wurden, gingen die Weber von Steige und Meisengott darauf ein. Seit dieser Zeit haben sich auch die dortigen Tischler in die Fabrikation der breiteren Stühle eingewöhnt und fertigen zum grössten Theil nur solche an. Die meisten schmalen Stühle haben Gereuth und Laach. Obwohl gerade dies die ärmsten Gemeinden des Thales sind, so möchte ich eine Verursachung dieser Armuth durch jenen Umstand doch von der Hand weisen, was die folgende Auseinandersetzung als begründet erscheinen lassen wird. Uebrigens gehört auch Meisengott trotz seiner breiten Stühle zu den ärmsten Gemeinden des Thales.

Hören wir nun die Fabrikanten über diesen Punkt, so lauten die Antworten recht verschieden.

Einige, und zwar die Minderzahl glauben, dass die Verdienstlosigkeit der Weilerthaler zum Theil auf der Schmalheit ihrer Stühle beruht, da die am besten gehenden und am höchsten bezahlten Neuheiten häufig nur auf sehr breiten Webstühlen angefertigt werden können. Dass dieser Punkt aber für das Weilerthal gar nicht von Bedeutung ist, da dort aus ganz anderen Gründen keine Neuheiten gewebt werden können, wird weiter unten gezeigt werden.

Die Mehrheit stellt dies jedoch entschieden in Abrede. Einmal fänden sich auch Neuheiten genug, welche nicht breiter als andere Artikel gewebt würden. Die Stapelartikel dagegen, die doch auch noch leidlich bezahlt würden, erreichten höchstens eine Breite von 120 cm. Diese verhältnissmässig noch breiten Gewebe gingen aber nicht so gut, als solche von einer Breite von nur 100, 105 und 110 cm. Hiermit stimmen auch meine im Thal selbst gemachten Beobachtungen überein. Ich habe fast nirgends gefunden, dass Leute, die Webstühle von verschiedener Breite besassen, auf den breiteren mehr Beschäftigung gehabt hätten, als auf den schmäleren. Aber noch weiter! Einer der Fabrikanten erzählte mir, dass vor 30 Jahren die Mode eine Breite von 100 cm erfordert, dass sie aber allmählich bis auf 65 und 60 cm herunterging, um sich erst später wieder zu heben. Auch jetzt befänden wir uns wieder in einer Periode der fallenden Breite, die in 2 Jahren vielleicht schon auf 90 cm gesunken sein würde.

Da nun aber nur eine ganz geringe Anzahl von Stühlen im Weilerthal eine Arbeit von 100 bis 110 cm nicht leisten können, so ist in diesem Umstande die Ursache der Verdienstlosigkeit nicht zu suchen. Die Regierung würde aber mit der Erbreiterung der Stühle — selbst wenn dieselbe bei den engen Räumlichkeiten der Weberwohnungen überall ausführbar wäre, was ich entschieden verneinen muss, den Webern nicht nur nicht eine Wohlthat erweisen, sondern ihre Lage eher noch verschlimmern. Denn das Weben auf breiten Stühlen ist schwieriger und erfordert einen grösseren Zeitaufwand, als das auf schmalen. Nach Aussage eines Webers in Steige, der einen Stuhl von 130 cm und einen von 180 cm Breite besitzt, gebraucht er bei gewöhnlicher leichter Arbeit auf dem letzteren per Meter eine halbe Stunde mehr Zeit zum Weben als auf ersterem; bei schwieriger Arbeit, z. B. sehr dichten Geweben, ist der Unterschied noch grösser. Die Erbreiterung der Stühle würde also für das Weben aller schmäleren Stoffe einen grossen Zeit- und Arbeitsverlust zur Folge haben.

Aber selbst wenn die Weber breitere Stühle hätten, würden sie gar nicht einmal die breiteren Sachen (also namentlich die Neuheiten) zum Weben erhalten. Es stehen dem nämlich zwei andere technische Schwierigkeiten gegenüber. Dass die Weilerthaler Webstühle der für eine sorgfältig auszuführende Arbeit fast unentbehrlichen Regulatoren ermangeln, ist zwar ein Uebelstand, dem allenfalls noch abgeholfen werden könnte. Allein ein anderer ist unüberwindbar. Die Stuben der Weilerthaler sind viel zu niedrig, als dass sie die zu den meisten Neuheiten nothwendigen Ratières und Jacquards darin aufstellen könnten. Diese erreichen oft eine Höhe von 3 m und darüber, während die Stubenhöhe meist nicht viel über, häufig aber noch unter 2 m beträgt.

Der springende Punkt in der Frage nach der Verdienstlosigkeit der Weilerthaler Weber liegt auf ganz anderem Gebiete.

Nach dem übereinstimmenden Urtheil aller derjenigen Fabrikanten, welche ihre Gewebe in verschiedenen Gegenden anfertigen lassen, sind die Weber des Weilerthales von allen Arbeitern weitaus die schlechtesten. Es existiren zwar auch dort Leute, welche Tüchtiges leisten, und namentlich zeichnen sich die Bewohner von Steige, und in zweiter Linie die von St. Moritz dadurch vor den übrigen aus, im allgemeinen aber werden die Weilerthaler als nachlässig und ungeschickt, und daher zu jeder feineren und schwierigeren Arbeit untauglich geschildert.

Auch der Umstand, dass die Weilerthaler Weber in der überwiegenden Mehrzahl noch Landbauer sind, wird von den Fabrikanten als verderblich beklagt. Die durch jene Beschäftigung unvermeidlich entstehende Rauhheit der Hände schade ihrer Weberarbeit ganz beträchtlich; auch leide die Promptheit der Ablieferungen häufig unter der Nothwendigkeit, die dringenden Feldarbeiten zu verrichten.

Alles dies hat nun zur Folge, dass nur die geringeren Sachen, die baumwollenen und halbwollenen Stapelartikel, sowie die Tüchel den Weilerthaler Hauswebern zur Anfertigung übergeben werden, während die Neuheiten nur den Atelierarbeitern und höchstens einigen der besseren Hauswebern anvertraut werden.

Damit ist alles klar. Denn wie oben gezeigt worden ist, sind es gerade diese geringwerthigen Artikel, welche am schlechtesten, oft ganz miserabel bezahlt werden, und zweitens haben gerade diese Artikel am meisten durch die Concurrenz der Schweiz beziehungsweise Sachsens zu leiden, sind sie es gerade, denen allein die Veränderung der französischen und amerikanischen Zollverhältnisse Nachtheil gebracht haben, und sind sie es allein, welche die Concurrenz des mechanischen Webstuhls nur mit Mühe ertragen können, kurz, sind es gerade die Stapelartikel und Tüchel, die am allerschlechtesten gehen, und kaum Aussicht haben, jemals wieder eine günstige Position auf dem Weltmarkt zu erringen.

Dies die traurige, allerdings selbstverschuldete Lage der Weilerthaler Hausweber, soweit sie von ihrem Gewerbe abhängt. In welcher Weise nun die anderweitigen Lebensbedingungen des Thales auf dieselbe einwirken, soll in den folgenden Kapiteln gezeigt werden.

KAPITEL V.

LANDWIRTHSCHAFT UND VIEHZUCHT.

Das Leben der Hausweber im Weilerthale wird ganz wesentlich durch den Umstand beeinflusst, dass dieselben zum weitaus grössten Theil Ackerbau und etwas Viehzucht treiben.

Dies geschieht entweder auf eigenem Grund und Boden oder auf „gelehntem". Das „Lehnen", welches sich von der „Pacht" rechtlich in nichts unterscheidet, ist wirthschaftlich doch häufig von ihr insofern verschieden, als dies Land häufig nur auf ein Jahr und nicht mindestens für die Zeit der üblichen Fruchtfolge, „gelehnt" wird. Namentlich bei den Matten ist dies sehr üblich.

Wirkliche Pacht liegt dagegen vor bei den sogenannten Farmen, Bauernhöfen, welche an den Berglehnen zerstreut umher liegen und von ihren Inhabern auf 6, 9 und 18 Jahre gepachtet worden sind.

Einen wie grossen Umfang nun der Ackerbau bei den Hauswebern hat, zeigen folgende, von mir durch Befragen jeder Weberfamilie gesammelten statistischen Daten. (Vgl. Tabelle IV.) Unter den 923 Weberfamilien gibt es nur 162, also 17,55 %, welche keinen Grundbesitz haben, wogegen 761, d. h. 82,45 % mehr oder weniger grosse Ländereien in Eigenthum haben.

Von obigen 162 Familien haben jedoch 111, d. i. 68,52 %, die Gewohnheit fremde Ländereien zu lehnen. Von sämmtlichen 923 Weberfamilien sind es also nur 51, d. h. nur

5,52 %, welche gar keinen Ackerbau treiben; eine verschwindend kleine Anzahl!

Fermiers, die die Weberei betreiben, gibt es 10, welche nur gepachtetes und einen, der theils gepachtetes, theils eigenes Land bebaut.

Die einzelnen Gemeinden zeigen, abgesehen von der Stadt Weiler, in den Procentsätzen der Grundbesitzenden kaum erhebliche Differenzen. (Vgl. Tab. V.) Die Zahlen schwanken von 66,7 bis 94,7 %, bei 11 von den 17 Gemeinden ausser Weiler aber nur zwischen 74 und 86 %.

Weiler allerdings weicht bedeutend ab. Hier sind es nur wenig über ein Drittel (34,6 %) der Weber, welche im Besitz von Grund und Boden sind. Rechnen wir daher nur den Durchschnitt der Dorfgemeinden, so ergeben sich statt 81,45 % grundbesitzender Weber deren 82,72 %.

Erheblicher sind die Abweichungen in dem Procentsatz derjenigen, die weder selbst Land besitzen, noch solches lehnen. Neben Gemeinden, in denen, wie in Urbeis, St. Petersholz, Breitenau, St. Martin, Gereuth, alle Besitzlosen Ackerbau treiben, finden wir Grube, welches mit seinen 29,4 % auf gleicher Stufe mit der Stadt Weiler steht. Von den erstgenannten 5 Gemeinden zeigen allerdings Urbeis, St. Petersholz, Breitenau und St. Martin so geringe absolute Zahlen (5—4—5—1), dass wir hier die 100 % wohl auf blossen Zufall zurückzuführen berechtigt sind. Dagegen ist dieser Procentsatz bei Gereuth, welches 16 Besitzlose zählt, immerhin auffallend. Da nun auch in Laach von 23 Besitzlosen 20, also 86,9 %, Ackerbau treiben, und in beiden Gemeinden entschieden die grösste Armuth im Thale herrscht, so können wir darauf schliessen, dass die Armut das Unterlassen des Landbaus nicht begünstigt. Dass aber überhaupt hier kein Parallelismus vorwaltet, beweist einerseits das nämliche Grube, wo von 17 Besitzlosen nur 5, also nur 29,4 %, zu lehnen pflegen, anderseits das besser situirte Steige, woselbst wir von 18 Besitzlosen 11, also 61,9 %, ackerbautreibend finden.

Auf welche Ursachen diese Verschiedenheiten zurückzuführen sind, weiss ich nicht zu sagen. Sitte und Gewohnheit mag wohl hier eine grosse Rolle spielen.

Die erheblichen Differenzen in der soeben besprochenen Colonne gleichen sich in der nächsten, welche uns das Verhältniss der nicht ackerbautreibenden Weber zu allen Webern anzeigt, wieder einigermassen aus. Sehen wir von der Stadt Weiler und von Erlenbach ab, welches letztere mit seinen 9 Webern nur ein zufälliges Resultat liefern kann, so finden wir als höchsten Procentsatz der nicht ackerbautreibenden Weber 16,2 % bei Grube. Von da fällt es auf 7,4 % bei Thannweiler und 7,1 % bei Steige. Alle übrigen 13 Gemeinden bewegen sich in den Grenzen von 0—4 %.

Weiler zeigt natürlich wieder die höchste Ziffer mit 42,3 %. Rechnen wir die Bewohner von Weiler ab, so erhalten wir 39 Leute, d. h. 4,34 % aller Weber in den Dorfgemeinden des Thales, die das Feld nicht bebauen.

Die Art des Landbaus ist bestimmt durch einen im Ganzen recht wenig ertragsfähigen Boden, und die gebirgige Lage unseres Gebiets. Die Hauptfrüchte, die gebaut werden, sind Winterroggen und Kartoffeln. Mit ersterem wurden nach den Erhebungen des Jahres 1883 gegen 1000 ha, mit letzterem gegen 1500 ha bepflanzt. In dritter Linie folgt Winterweizen, welcher ein Areal von ungefähr 450 ha einnimmt. Im Uebrigen ist höchstens noch Hafer mit circa 260 und Klee mit ca. 200 ha zu erwähnen. Den geringen Umfang des Anbaus anderer Früchte möge man aus Tab. VI ersehen.

Die Grösse des Grundeigenthums jedes einzelnen Webers habe ich anfangs zwar festzustellen versucht, bin aber bald von diesem Plane zurückgetreten. Denn ich habe gesehen, dass die Leute von einer Unwissenheit in diesem Punkte sind, die ganz unglaublich ist. Nur Wenige haben mir sofort sagen können, wie gross ihr Areal ist, die meisten konnten mir nur eine ungefähre Angabe, gewöhnlich mit Unterstützung der Gemeindeboten machen. Abgesehen davon wurden die Angaben, wie ich zuweilen constatiren konnte, oft absichtlich zu niedrig gemacht, aus Furcht sich eine höhere Steuerlast auf den Hals zu laden. Interessant ist es, dass die Leute das Land nicht nach Hektaren und Aren berechnen, sondern nach einem Flächenmass, das fast in jedem

Dorfe verschieden ist, und zwar im Allgemeinen je nach der Fruchtbarkeit des Bodens und der Wohlhabenheit der Gemeindegenossen. In den gutsituirten Gemeinden ist das Einheitsmass der Acker zu 40 ar, der in 4 Vierzel von 10 ar zerfällt. Weniger wohlhabende Gemeinden rechnen den Acker zu 32 ar, und das Vierzel demgemäss zu 8 ar.

In den wälschen Gemeinden und in Meisengott dagegen rechnet man nach Sestern, frz. boisseau, Patois Sest, und dieser wird meist zu 5 ar angenommen. Der Name rührt daher, dass eine Fläche, auf welche man einen Sester (20 l) Korn aussäen kann, darnach selbst Sester genannt wird.

Dass die im Canton erzeugten Früchte nicht im Stande sind, die dortige Bevölkerung zu ernähren, wurde bereits auseinandergesetzt. Der Import von Korn, welcher hierdurch nothwendig wird, findet meist in Form von Mehl statt, welches die Bäcker aus den Mühlen zu Sand, Schlettstadt, La Chapelle und anderswoher beziehen. Nur in einzelnen Gemeinden des vorderen Weilerthales kommt es hin und wieder vor, dass Leute Brot in Kestenholz zum Wiederverkauf aufkaufen.

Die Verwerthung des selbstgewonnenen Korns geschieht nur selten durch Verkauf desselben an Kornhändler. Meistentheils verbrauchen die Leute ihre Frucht für sich. Nach der Ernte sucht Jeder sobald wie möglich sein Korn in Mehl zu verwandeln. Da nun im ganzen Thal nur 9 Mühlen sind, und diese gerade im Herbst, besonders nach sehr trockenen Sommern, mangels des nöthigen Wassers bei Weitem nicht den an sie gestellten Anforderungen gewachsen sind, so bleibt den Leuten nichts anderes übrig, als zum Bäcker zu gehen, und von diesem entweder Mehl oder gar Brot gegen ihr Korn einzutauschen. Nach Ansicht eines sehr verständigen Müllers in Steige, dessen die verschiedensten gewerblichen Anlagen enthaltendes Etablissement ich besuchte, und der mir über die einschlägigen Verhältnisse sehr gute Auskunft gab, verlieren die Leute durch dieses Tauschgeschäft ungefähr den Werth der Kleie, was auf den Sack (200 l) 2,50 bis 3 fr. ausmacht. Die Bäcker ihrerseits lassen das Korn nicht auf eigene Rechnung mahlen, sondern tauschen es sofort, häufig bei den ausserhalb des Thales gelegenen Mühlen gegen Mehl um. Auch sie erleiden dadurch einen kleinen Verlust.

Das Mehl wird nach Angabe desselben Müllers im Weilerthal in drei verschiedenen Sorten gemahlen, deren grössere oder geringere Feinheit und Weisse durch ein mehr oder minder häufiges Durchmahlen des Kornes erzielt wird. Das Produkt, welches als Rest des ersten Mahlens zurückbleibt, die Kleie, bildet etwa $^1/_{10}$ des Volumens des ganzen Getreides, und ein gleicher Antheil entfällt auf den Gries, den feinkörnigen Rest eines späteren Durchmahlens. Es werden 5—6 Pfd. Gries vom Sack Korn gewonnen.

Die fruchttragenden Aecker des Thales liegen zum grössten Theil an den Bergabhängen während die Thalsohle von Wiesen eingenommen ist. Dies erschwert die Bestellung des Landes ganz beträchtlich; die Einsetzung des Pfluges wird hier meistens zur Unmöglichkeit, und an seine Stelle muss Karst und Hacke treten. Auch das Düngen der Aecker wird durch ihre Lage sehr erschwert, die Stelle des Mistwagens nimmt hier der Rückkorb ein. Der Wagen führt den Mist nur bis an den Fuss des Abhanges, gewöhnlich aber wird dies Geschäft mittelst eines Karrens oder gar eines Rückkorbes besorgt. Am Bergabhang wird ein Gestell aufgepflanzt, welches denen sehr ähnlich ist, die in unsern Schulen zum Anlegen der grossen Tafeln dienen. Auf dieses wird nun der Rückkorb gestellt und mit Mist gefüllt. Von diesem Gestell wandert der Korb dann auf den Rücken, und wird so auf den Acker hinauf getragen.

Die abhängige Lage der Aecker hat aber weiter das Uebel im Gefolge, dass jedes Jahr ein Theil des Grundes hinabgeschwemmt wird. In jedem Frühjahr liegt daher dem Landmann die mühselige Aufgabe ob, diesen Grund wieder hinauf zu tragen. Zu diesem Zweck werden in dem tiefsten Theil des Ackers ein oder zwei etwa einen Meter breite Stufen ausgehauen, und die Erde in gleicher Weise, wie der Mist hinaufgeschafft. Im Laufe des Jahres wird diese Stufe durch das nachfallende und nachgeschwemmte Erdreich wieder ausgeglichen.

Die Anwendung von guten Dungstoffen ist noch eine sehr unentwickelte. Künstlicher Dünger oder anderweitige käufliche Bodenverbesserungsmittel werden gar nicht angewandt, und der Viehmist wird bei Weitem nicht in genügender Weise ausgenutzt. So lässt der Weilerthaler noch immer den grössten Theil der Jauche einfach die Dorfstrasse entlang fliessen, anstatt sie in Jauchegruben zu sammeln oder sonst wie zurückzuhalten. Der Mist wird viel zu lange in Haufen auf dem Feld liegen gelassen, wodurch er zu sehr austrocknet, zu viel Ammoniak in die Luft abgibt und Geilstellen bildet. Lobenswerth ist es, dass hin und wieder die Herdasche aufbewahrt wird, um zur Düngung namentlich von Wiesen verwandt zu werden. In Weiler findet eine bessere, wenn auch durchaus nicht vollständige Verwerthung der vorhandenen Dungstoffe statt. So wird namentlich der Inhalt der Abtritte auf die Felder geleert und von Gasthausbesitzern und Fuhrleuten der Pferdedünger verkauft. Die Karre Mist, welche ungefähr einen Kubikmeter fasst, gilt 4—5 fr. Auch Kuhmist wird in Weiler, und zwar zu etwas höherem Preise wie Pferdemist verkauft.

Anzuerkennen ist ferner, dass in drei Dörfern, Erlenbach, Neukirch und Gereuth, die Gemeindeverwaltung den Strassenkoth und den Inhalt der Schulabtritte verkauft; letzteren gewöhnlich in der Weise, dass die Ausräumung der Abtritte an den Meistbietenden, eventuell Mindestfordernden verpachtet wird. Für Beides zusammen hat Neukirch nach dem mir vorliegenden Budget 17,40 Mk. und Gereuth 10 Mk., für den Strassenkoth allein Erlenbach 1,50 Mk., für die Räumung der Schulabtritte 0,50 Mk. erzielt.

Von einer geordneten Fruchtfolge ist kaum eine Spur vorhanden, zum mindesten nicht bei den Webern, welche fast ausschliesslich Korn und Kartoffeln, und je nach Bedürfniss in dem einen Jahr mehr von dem einen, im nächsten mehr von dem andern bauen.

Flurzwang herrscht auch thatsächlich nicht. Trotz der Kleinheit der Parzellen bestellen die Leute ihre Aecker, wann es ihnen beliebt. Da weder mit Pflug und Pferden gearbeitet wird, noch ein Wechsel von Acker und Weide auf demselben Land stattfindet, die Wiesen sich auch alle im Thal, die Aecker an den Abhängen befinden, so hat sich auch das Bedürfniss nach einem thatsächlichen Flurzwang niemals geltend gemacht.

Eine ausführlichere Schilderung verdient die den Vogesen und dem Schwarzwald eigenthümliche Kultur der im Weilerthal so genannten Krüter[1]) oder Triescher (frz. terres friches, Patois: stirpon). Es sind dies die höher gelegenen Bergabhänge, die eine lange Reihe von Jahren brach liegen, während dieser Zeit Pfriemen (Ginster, genêt) tragen, dann umgebrochen und 1 bis 3 Jahre lang angebaut werden. Die Bestellung ist in den verschiedenen Gemeinden eine verschiedene, und theils durch uralte Gewohnheit, theils durch die wechselnde Güte des Bodens bedingt.

Die Krütergegenden sind die links am Bach liegenden Bergabhänge. Die Hänge der rechten Seite sind für den Anbau nicht geeignet. Die Krüterwirthschaft, die früher in einzelnen Gemeinden daselbst bestanden hat, ist wegen der Ertragslosigkeit derselben aufgegeben worden. Kennzeichen der Unfruchtbarkeit solcher Bergabhänge ist ihr Bestandensein nicht mit Pfriemen, sondern mit einem haidekrautartigen Gewächs, frz. bruyère genannt. Nur in der Gemarkung von Grube gibt es auf der rechten Thalseite noch wenige und unfruchtbare Krüter, die in Kultur genommen werden.

Die Triescher sind zum grössten Theil im Eigenthum der Gemeinden. Nach Ausweis der Budgets ist der Umfang derselben folgender:

Bassenberg	1,50 ha.
Breitenau	0,00 „
Breitenbach	?
Erlenbach	218,00 „
Diefenbach	0,00 „
Gereuth	0,00 „

[1]) Das Wort Krüter stammt wohl von roden: gerodete Flächen. An Wahrscheinlichkeit gewinnt diese Etymologie durch die Thatsache, dass das Wort Gereuth (welches wohl ebenfalls von roden abzuleiten ist) im Volksmunde zu Krüt wird, und dass auch das stirpon des Patois zweifelsohne von exstirpare ausroden abzuleiten ist. Triescher ist wohl die oberdeutsche Form des niederdeutschen Dreesch.

Grube	?	
Laach	107,43	ha.
Meisengott	15,93	„
St. Moritz	0,00	„
St. Martin	8,10	„
Neukirch	2,50	„
St. Petersholz	?	
Triembach	50,58	„
Thannweiler	0,00	„
Steige	74,79	„
Urbeis	51,83	„
Weiler	4,10	„

Diese den Gemeinden gehörigen Güter werden nun entweder den Bürgern unentgeltlich überlassen oder verpachtet. Ersteres geschieht in Breitenbach, Urbeis, Steige, und für das erste Bebauungsjahr in Erlenbach. Jeder, der zur Zeit der Vertheilung eine eigene Feuerstelle hat, erhält ein Loos. Die Vertheilung derselben geschieht durch ein Verfahren, welches die Forderungen der Gleichheit und Gerechtigkeit mit den Rücksichten auf individuelle Wünsche in geschickter Weise vereinigt. Es werden nämlich die Loose wie in den Haubergen nicht an die einzelnen Berechtigten, sondern eine Anzahl zusammenliegender Theilstücke wird an eine Gruppe von Berechtigten, eine Rotte von 5—10 Mann verloost. Diese können dann die erlangten Theilstücke nach Belieben unter sich vertheilen, ein Verfahren, welches allerdings das Vorhandensein grosser nachbarlicher Freundschaftlichkeit zur Vorausetzung hat.

In den anderen Gemeinden, sowie in Erlenbach für das zweite und dritte Bebauungsjahr werden die Krüter in Parzellen von durchschnittlich 15 bis 20 ar Umfang an den Meistbietenden versteigert. Die hierbei erzielten Pachtzinse sind sehr verschieden und schwanken je nach Lage und Bodengüte des Looses von 20 Mk. bis zu 20 und 10 Pfg. Es ist leicht begreiflich, dass es vorzugsweise die Armen sind, welche von der Möglichkeit, ein zwar schwierig zu bearbeitendes, aber billiges Stück Land zur Bebauung zu erlangen, ausgiebigen Gebrauch machen. Den begüterten Bauern liegt sogar so wenig an dem Besitz solcher Krüter, dass sie in Breitenbach und Erlenbach die gratis erhaltenen Loose meist an ärmere Leute um ein geringes verpachten, oder sie ihnen wohl gar umsonst überlassen.

Die Bebauungsart der Triescher ist nun folgende:

Im Frühjahr oder Herbst werden die Pfriemen, nachdem sie in der Brachezeit oft eine Höhe von 1½ m und mehr erreicht haben, knapp über der Erde mit einer Hacke umgehauen und das Land umgebrochen. Ich habe selbst eine Hacke in die Hand genommen, um mich von der Schwierigkeit der Arbeit zu überzeugen. Der Boden lässt sich, obwohl er ganz mit Rasen hedeckt ist, sehr leicht umgraben, da es lockerer Sandboden ist. Das Abhauen der Pfriemen erfordert jedoch eine ziemliche, wenn auch nicht ungewöhnliche Anstrengung. Dieselbe wird dadurch vermehrt, dass in der Zeit der Brache die Pfriemenstöcke den herunterfallenden und herabgeschwemmten Steinen einen Halt bieten, der nachgeschwemmte Grund diese einbettet und so die Gegend um die Pfriemen herum zu einer mit Steinen oft dicht bedeckten Fläche wird. Ungleich schwieriger würde es sein, wie ich gleichfalls mich selbst überzeugt habe, die Pfriemen mitsammt dem ganzen Wurzelstock herauszureissen. Der Landmann unterlässt dies um so lieber, als aus den stecken gebliebenen Wurzeln in den Zeiten der Brache die zur Düngung unentbehrlichen Pfriemen wieder emporschiessen.

Dieselben werden nun mit den Wasenstücken zusammen in Haufen gelegt, von der Sonne trocknen gelassen und dann verbrannt. Die Asche wird sodann gleichmässig auf das Feld verstreut. Nur in St. Petersholz - Hohwart werden die Pfriemen mit nach Hause genommen, um als Feuerungsmaterial zu dienen, während die Wasen zum Verfaulen eingegraben werden. In anderen Gemeinden holen sich die Leute in der Zeit der Brache oft Pfriemen herab, weniger zur Heizung, als zu allerhand anderen Zwecken, so zum Ersatz des Strohs bei Bedachung der Hütten, zur Anfertigung von Besen, zur Bereitung von Lagerstätten für Mensch und Vieh und dergleichen mehr.

Manche Gemeindeverwaltungen haben diese Benutzung

der Krüter jedoch eingeschränkt, so z. B. Triembach, welches das Herabholen der Pfriemen nur an einem Tage im Jahre gestattet.

Bepflanzt werden die Krüter nun entweder 1, 2 oder 3 Jahre. Im letzteren Fall wird gewöhnlich im ersten Jahr Korn, im zweiten Erdäpfel (Kartoffeln), im dritten Hafer oder wieder Korn gepflanzt. Bei nur ein- oder zweijähriger Bebauung wechseln Korn und Erdäpfel.

In manchen Gemeinden bestimmt nun eine uralte Sitte die Länge der Bebauungszeit, ebenso wie diejenigen Krüter, welche jedes Jahr zur Verloosung gelangen, in andern dagegen ist es von dem jedesmaligen Gemeinderathsbeschluss, der formell auch in jenen Gemeinden nöthig ist, abhängig, ob in diesem Jahr überhaupt Krüter vergeben werden sollen und welche, und auf wie lange Zeit.

Ist die Bebauungszeit nun abgelaufen, so wird das Land auf längere Zeit wieder sich selbst überlassen. Die Pfriemen schiessen jetzt wieder in die Höhe und der Boden bedeckt sich mit magerem Gras, das den Thieren des Dorfes zur Weide dient. Für diese Zeit erhalten alle Triescher den Charakter der Allmende, da die Weide von allen Bürgern der Gemeinde unengeltlich benutzt werden darf. Auch hier haben manche Gemeinden der allzu grossen Ausraubung des Bodens durch Beschränkungen des Viehauftriebes vorbeugen wollen. So darf z. B. in Erlenbach jeder Bürger nur 5 Stück Vieh, gleichgültig ob Kühe, Ochsen oder Ziegen auf die Weide treiben. Dieser Beschluss macht die Krüter rechtlich zu dem, was sie thatsächlich auch in anderen Gemeinden sind, zum „Privilegium der Enterbten“.

Im Folgenden gebe ich eine kurze Zusammenstellung der Bebauungsart der Triescher, soweit ich solche durch mündliche Erkundigungen habe feststellen können.

	Dauer und Art der Bebauung.	Zahl der Brach-Jahre.	Häufigkeit der Verpachtung.
St. Petersholz	1. Erdäpfel, 2. Korn.	4	?
Triembach . .	1. Korn, 2. Erdäpfel, 3. Korn, selten Hafer.	18	6 Flächen, von denen jed. Jahr eine auf 3 Jahr verpacht. wird.
Erlenbach . .	1. Korn, 2. Erdäpfel, 3. Hafer.	10	30 Flächen, jedes Jahr 3 verp., je eine f. Korn, Erdäpfel und Hafer (gleichsam Dreifelderwirthschaft).
St. Martin . .	1. Korn.	8	?
Breitenbach .	1. Korn, 2. Erdäpfel, 3. Hafer oder Korn.	7—8	Jedes Jahr 2 bis 3 Flächen.
Meisengott. .	1. Korn, einige noch 2. Erdäpfel.	8—10	?
Steige	1. Erdäpfel od. Korn, einige noch 2. Korn.	10—15	Jedes dritte oder vierte Jahr.
Laach	1. Korn od. Erdäpfel.	8—9	Jedes Jahr eine Fläche von 3 bis 4 ha.
Grube	1. Korn od. Erdäpfel, einige 2. Erdäpfel, selten 3. Hafer.	15—20	?
Urbeis	1. Erdäpfel, 2. Korn.	9—10	?

Legen wir uns nun die Frage nach der Wirthschaftlichkeit dieser seltsamen Art von Kultur vor, so kommen hierbei folgende Gesichtspunkte in Betracht.

Es ist mir allgemein versichert worden, dass sowohl Korn wie Erdäpfel auf den Krütern besser gedeihen, wie auf gewöhnlichen Feldern. Insbesondere sagte man mir in Urbeis, dass das Stroh daselbst viel härter und schwerer sei, und sich auch besser verfüttern lasse, als anderswo. Die

Kartoffeln sollen eine reichere Ernte und schmackhaftere Früchte geben. Dem gegenüber steht nun die Thatsache, dass die meisten dieser Triescher nur eine ein- bis zweijährige, keine aber eine längere als eine dreijährige Kultur vertragen. Eine lange Reihe von Jahren muss dann vergehen, ehe die Ausnutzung des Bodens von Neuem eintreten kann. Der Grund hierfür liegt wohl in der Art der Düngung dieser Länder. Das Verbrennen der Pfriemen und Wasen hat zur Folge, dass alle verbrennlichen Stoffe der Pflanzen, vornehmlich also der ganze Stickstoff verloren geht, und nur die unverbrennlichen, mineralischen Bestandtheile derselben, insbesondere die Kalisalze zurückbleiben. Diese nun bewirken, dass die angebauten Pflanzen einen starken Reiz erhalten, in Folge davon sehr gut gedeihen, damit aber auch dem Boden allen Stickstoff, der ihm im Laufe der Jahre durch die Begrasung aus der Luft zugeführt worden war, vollständig entziehen. Wenn nun aber gar, wie in St. Petersholz, mit den Pfriemen dem Boden auch die mineralischen Bestandtheile entführt werden, wofür die Untergrabung des mageren Rasens keinen Ersatz zu bieten vermag, so kann es nicht Wunder nehmen, wenn die Krüter daselbst derartig in ihrem Ertrage abnehmen, dass die Gemeinde beschlossen hat, einen Theil derselben mit Wald zu bepflanzen.

Sollte nun alles dies uns nicht das Urtheil aufdrängen, dass die Krüterwirthschaft des Weilerthales ein grossartiger Raubbau ist, der so bald als möglich durch eine rationellere Bewirthschaftung ersetzt werden müsse? Prüfen wir, ob eine solche möglich, und ob, wenn dies der Fall, zweckmässig wäre.

Das Mittel einer vernünftigen Benutzung des Bodens müsste eine künstliche Vermehrung seines Stickstoffgehaltes sein. Hier ist nun aber erstens zu bemerken, dass das Düngen mit Mist bei der grossen Entfernung der Krüter von den Dörfern und bei ihrer steilen Höhenlage so viel Arbeit und eventuell Kosten verursachen würde, dass dieselben durch den Ertrag des wenn auch verbesserten, so doch immerhin von Natur sehr wenig fruchtbaren Bodens kaum ersetzt werden könnten. Die Fermiers allerdings, die oft ganz in der Nähe solcher Krüter ihren Sitz aufgeschlagen haben, wären hierzu schon eher im Stande. Einen unter ihnen fand ich auch, der sich dieser Mühewaltung unterzog; auch in Bassenberg und Weiler hat man mit Verbesserung der Krüter durch Düngung eine alljährliche Anbauungsfähigkeit derselben erreicht.

Ich habe nun weiter die Ansicht äussern hören, es müsste vortheilhaft sein, Pfriemen und Wasen, statt zu verbrennen, unterzugraben und verfaulen zu lassen.

Allein dieser Verfaulungsprocess würde bei den Pfriemen einen Zeitraum von mindestens 3 Jahren einnehmen. Eine so weitzielige Wirthschaft ist aber für den kapitalunkräftigen Landmann ganz unmöglich. Der Werth der Krüter liegt gerade darin, dass sie den Armen für wenig Geld sofort einen Ertrag liefern. Wäre man gezwungen, noch etliche Jahre nach der Ansteigerung und Bodenbearbeitung mit der Ernte zu warten, so würden die Krüter die Funktion eines patrimonium pauperum nicht mehr erfüllen können.

Ueber die Kultur der Wiesen ist wenig dem Weilerthal Eigenthümliches zu sagen. Der Wasservorrath des Thales wird im Allgemeinen für ausreichend zur Bewässerung des vorhandenen Wiesenstandes gehalten. Man klagt die Landleute eher an, durch Erzeugung zu viel künstlicher Wasserläufe die Wiesen sauer zu machen.

Das Verhältniss der Wiesen zum Ackerland im ganzen Kanton ist wie 1 : 2,65.

Der Weinbau im Weilerthal ist ein für elsässische Verhältnisse ziemlich wenig entwickelter, woran die wenig warme Gebirgslage die grösste Schuld trägt. Aus Tabelle II ist die Ausdehnung des Weinbaus in den einzelnen Gemeinden ersichtlich. Hier fällt zunächst auf, dass die vier wälschen Gemeinden des südwestlichen Zipfels gar keine Weinberge haben — denn die 21 ar in Urbeis und die 12 ar in Breitenau können nicht in Betracht kommen. Die Ursache hiervon ist leicht zu finden. Die Lage dieser

Gemarkungen ist zu hoch, die Thäler zu eng, der Boden zu wenig fruchtbar. Den nächst geringsten Bestand an Weinbergen haben Diefenbach, Gereuth und Thannweiler. Die grösste Zahl weisen St. Petersholz, Erlenbach und Breitenbach auf. Diese Thatsachen sind in höchstem Grade auffallend, denn sie beweisen ganz klar, dass die Wohlhabenheit und die bessere Lebenshaltung in einer Gemeinde mit dem Reichthum derselben an Weinbergen in ganz gleichem Verhältniss steht. Nur Meisengott mit seinen 60,50 ha Weinbergen bildet bei seinen ärmlichen Verhältnissen, wie fast überall bei solchen Parallelen, eine Ausnahme.

Meiner Ueberzeugung nach hat jener Parallelismus nicht allein seinen Grund in dem Umstande, dass der Weinbau viel einbringt, sondern auch darin, dass diejenigen Leute, welche sich häufiger den Genuss des Weines verschaffen können, einen grösseren Trieb haben, ihre Lebenshaltung zu erhöhen.

Es werden gemeiniglich 2 Sorten von Trauben gebaut, die Bürgertrauben und die sogenannton Knipperle. Den Durchschnittsertrag in den Jahren 1879—1884 wolle man aus dem Anhang ersehen.

Worauf ich am meisten mein Augenmerk gerichtet habe, war hier wie überall bei den in diesem Kapitel behandelten Fragen, die Art und Weise zu erforschen, in welcher der landwirthschaftliche Ertrag verwerthet wird.

In Traubenform wird der Ertrag nur selten verkauft. Höchstens gehen hin und wieder einige frühreife Trauben mit anderem Obst über die Grenze nach dem grossen Obstmarkt von St. Dié. In Bassenberg kommt es auch vor, dass ähnlich wie die Leute beim Bäcker Brot gegen Korn eintauschen, hier der Wein, der im Laufe des Sommers auf Credit bei dem Wirth entnommen worden ist, im Herbst mit Trauben abbezahlt wird.

Häufiger wird dagegen der Ertrag als Trester verkauft, und zwar entweder an die Gastwirthe des Thales oder an Weinsticher als Commissionäre fremder Firmen. Trester werden die in Fässer gestampften Trauben, und zwar die festen wie die flüssigen Bestandtheile untereinander gemengt, genannt. Auf eine Ohm (50 l) Flüssigkeit werden hierbei 8 l Traubenreste gerechnet.

Diese Art der Verwerthung des Weins ist die beliebteste, weil sie am bequemsten ist, die wenigste Arbeit erfordert und am schnellsten nach der Ernte Geld einbringt.

Nichtsdestoweniger werden der Vorliebe des Weilerthalers zur Eigenwirthschaft entsprechend, die Trauben auch häufig vom Eigenthümer selbst gekeltert, um als Most oder fertiger Wein verkauft zu werden.

Wie verbreitet diese Art der Verwerthung ist, zeigt die Menge der Keltern, welche in den weinbautreibenden Gemeinden vorhanden sind.

Es befinden sich Keltern in

St. Petersholz .	30	bei	einer	Weinbaufläche	von	91,00	ha.
Erlenbach . . .	22	„	„	„	„	98,40	„
Triembach . . .	20	„	„	„	„	68,57	„
Breitenbach . .	13	„	„	„	„	70,00	„
Meisengott . .	12	„	„	„	„	60,50	„
St. Moritz . . .	12	„	„	„	„	30,85	„
St. Martin . . .	8	„	„	„	„	48,81	„
Neukirch . . .	6	„	„	„	„	41,38	„
Diefenbach . .	6	„	„	„	„	7,78	„
Gereuth . . .	6	„	„	„	„	24,49	„
Thannweiler . .	5	„	„	„	„	10,53	„
Bassenberg . .	4	„	„	„	„	31,61	„
Breitenau . . .	4	„	„	„	„	0,12	„
Steige	4	„	„	„	„	32,52	„
Laach	2	„	„	„	„	0,00	„
Grube	1	„	„	„	„	0,00	„
Urbeis	0	„	„	„	„	0,21	„

Die Keltern lassen die Leute meist im Thal von Zimmerleuten anfertigen. Früher waren solche von Eichenholz fast allgemein im Gebrauch.

Wer nicht eine „Trotte“ in Eigenthum hat, geht zum

Nachbar, der ihm die Benutzung der seinigen — wenn auch der Gefahr des Ueberdrehens halber nicht gerade sehr gern — gegen Erlegung von 1 Mk. bis 1,20 Mk. zur Verfügung stellt.

Die Preise für den Wein sind natürlich je nach dem Jahrgang sehr verschieden; durchschnittlich stehen die Weine im Weilerthale 10 Mk. pro Ohm tiefer als die der Ebene.

Wie der Süddeutsche überhaupt, so ist auch der Weilerthaler ungemein erfinderisch in der Wahl von Destillirstoffen. Der Weinbau liefert ihm deren zwei. Erstens die Träbern, das heisst die Reste der Trauben nach ihrer Durchpressung in der Kelter. Dieselben werden gähren gelassen, und dann mittelst des gewöhnlichen, vorzüglich zum Brennen des Kirschwassers benutzten Brennkessels überdestillirt. Im letzten Jahre gewann man in Erlenbach von einem aus 70 bis 90 l Träbern bestehenden Brande $2^1/_2$ — 3 l Träbernschnaps, in schlechten Jahren lieferte dagegen solch ein Brand kaum ein Liter. In St. Moritz wurde mir als Gewinn aus einem Brand von 80 — 85 l Träbern 3 l Schnaps angegeben.

Man unterscheidet, je nachdem der Schnaps nur einmal oder noch ein zweites Mal aus 2 — 3 Bränden zusammen überdestillirt worden ist, Lütering und doppelt gebrannten Schnaps. Die Benutzung eines fremden Kessels kostet für den Lütering 4 Sou, für den zweiten Brand, der längere Zeit in Anspruch nimmt, aber 8 Sou.

Der Träberschnaps wird meist von seinen Produzenten selbst consumirt. Sein Marktpreis beträgt 1,20 bis 1,40 Mk. pro Liter.

Zweitens werden auch die Rückstände, die durch den Gährungsprocess des Traubensaftes ausgeschieden werden: die Hefen oder Drusen zur Destillation benutzt, ohne dass man dieselben einem vorhergehenden Gährungsprocess unterwirft. 40 bis 60 Ohm Wein sind zur Erzeugung von einer Ohm Drusen erforderlich, und diese geben in guten Jahren 2 bis 3, in schlechten einen Liter Drusenschnaps. Dieser wird als sehr guter Branntwein und als vortreffliches Mittel gegen Magenbeschwerden gerühmt. Wird er nicht, was fast regelmässig der Fall ist, selbst genossen, so lässt man sich den Liter mit 1,40 Mk. bezahlen. Hin und wieder wird sein Aroma und Geschmack noch dadurch ausserordentlich verbessert, dass man halbreife Nüsse, in der Mitte durchgespalten, oder schwarze Johannisbeeren, von den Stielen abgezupft aber unzerdrückt, in den fertigen Schnaps hineinwirft und diesen der Sonne aussetzt.

An die Besprechung des Weinbaus schliesst sich am besten die des Obstbaues an. Derselbe ist namentlich im hinteren Weilerthal ein recht lebhafter. Die grösste Anzahl von Obstbäumen findet sich wohl in den Gemeinden Breitenbach, Grube und Laach. Es sind dies vorwiegend Kirschbäume, doch kommen daneben auch Zwetschgen, Nüsse, Aepfel und Birnen vor. Die Verwerthung der Früchte ist eine dreifache.

Dort, wo nur wenig Obst angebaut wird, wie im ganzen vorderen Weilerthal, dienen die Früchte, insbesondere Aepfel und Birnen, dem eigenen Genuss. Nebenbei wird auch etwas davon, namentlich das gut bezahlte Frühobst verkauft. Diese zweite Verwerthungsart ist jedoch vor allem in den Gemeinden Grube, Laach und Steige im Schwange. In den ersteren Gemeinden existirt ein lebhafter Handel namentlich mit Nüssen nach dem grossen Obstmarkt von St. Dié in Frankreich. Die Besitzer von Kirschbäumen bringen ihre Früchte entweder selbst auf Handkarren (charette à bras) dorthin, oder verkaufen die Früchte auf dem Baum an Händler, die sie meist in grösseren Wagen fortschaffen. Solche, die dies Geschäft gewerbsmässig betreiben gibt es in Grube 2 und in Laach 4. Doch benutzen auch andere Leute diese Gelegenheit, sich etwas zu verdienen. Sie „lehnen“ dann entweder einen Handkarren von den Händlern, wofür sie, wenn derselbe 4 Körbe zu 100 Pfund fassen kann, 1 fr. zahlen, oder benutzen eine Fuhrgelegenheit. Letztere wird von Fuhrleuten und anderen Besitzern von Fuhrwerken in der Weise dargeboten, dass sie ihr Gefährt zu den professionellen und den andern Kirschenkäufern herumschicken, und diese ihre Körbe gegen ein Miethsgeld von 1 fr. pro Korb, ohne Rücksicht auf dessen Schwere, auf den Wagen stellen lassen. Die Leute gehen dann oft in grossen Schaaren neben dem Gefährt her, um den Verkauf in St. Dié selbst besorgen zu können: eine Art Karawane im Gebirge.

Der Kirschenkaufmann zahlt für den Baum durchschnittlich 10—12 fr. und erzielt aus dem Verkauf der Kirschen nach Angabe der Kirschenbesitzer 18—20 fr., nach Angabe eines Kirschenhändlers 14 fr. Die Wahrheit wird wohl in der Mitte liegen. Wenn nun der Betrag seines wöchentlichen Gewinnes nach Abzug der Reiseunkosten von einem solchen Händler auf 4 Mk. angegeben wird, so ist das wohl zu niedrig angeschlagen, andererseits ist es entschieden ungerechtfertigt, wenn diesen „Kaufleuten" von den Bauern ein wucherischer Gewinn nachgesagt wird. Ich bin selbst in einigen solchen Familien gewesen, und habe die Haushaltung in gleich ärmlichem Zustand gefunden, wie anderwärts. Die Leute treiben übrigens daneben stets noch Landbau und meistens noch ein oder die andere Hausindustrie.

In Steige spielt der Handel mit Kirschen nicht dieselbe Rolle, wie in Grube und Laach. Hier sind es mehr andere Früchte: Aepfel, Birnen, Nüsse und Zwetschen, die in grösserer Masse nach St. Dié exportirt werden. Früher gab es auch hier 5—6 Leute, die sich dabei des Wagens als Transportmittels bedienten, allein nachdem in den letzten Jahren eine so beträchtliche Anzahl von Obstbäumen durch die Kälte zerstört worden ist, ist man vom Wagen zum Karren, und vom Karren zur Hotte hinabgestiegen. Das Obst wird hier nicht auf den Bäumen, sondern die Aepfel und Birnen nach Sestern (20 l), die Kirschen nach dem Gewicht, Zwetschen und Nüsse nach der Stückzahl verkauft. Im Sommer 1884 kostete:

Das Sester Aepfel 1—1,40 Mk.
„ „ Birnen 2 Mk.
Das Pfund Kirschen 12—16 Pfg.
Das Hundert Zwetschen 32 Pfg.
Das Tausend Nüsse 2,40 Mk.

Auch in Meisengott, Breitenbach und St. Martin wird einiges, wenn auch nicht viel Obst auf Karren oder Hotten zum Verkauf nach Frankreich gebracht. In St. Martin besteht dabei gleichfalls die Praxis die Früchte auf dem Baum zu verkaufen; doch gibt es hier keine gewerbsmässigen Aufkäufer, sondern die Obstbaumbesitzer sollen diesen Gewinn möglichst den ärmeren Leuten zuzuwenden suchen.

Eine andere Art Handel mit dem wenigen Obst, das sie haben und nicht selbst geniessen wollen, treiben die Leute im vorderen Weilerthal. Dies wird nämlich den Obsthändlern und Gemüsegärtnern der Ebene, namentlich aus Kestenholz und Schlettstadt, die ihre Waaren zum Verkauf in St. Dié durch das Thal durchführen, nicht in Commission gegeben, sondern fest verkauft.

Ebenso gering wie der Umfang dieses Handels ist der Absatz, den die in Gereuth und Diefenbach gezogenen Früchte auf den Märkten in Kestenholz und Weiler und das in der Umgebung von Weiler, z. B. in Bassenberg, Erlenbach, St. Martin, Breitenbach wachsende Obst auf dem dortigen Markt findet.

Neben die Consumtion und den Verkauf stellt sich als dritte Verwerthungsart des Obstes die Verwendung zur Produktion von Schnaps, Oel, Aepfelwein und Essig.

Die Destillation der Kirschen ist insbesondere im ganzen hinteren Weilerthal, und hier wieder vorzüglich in den Gemeinden mit ausgedehntem gebirgigen Areal, wie Grube und Laach sehr verbreitet. In Grube soll ungefähr die Hälfte der Kirschenernte gebrannt, die andere Hälfte verkauft werden, wogegen anderswo noch mehr der Destillation zufällt.

Die Methode derselben ist folgende: Im Juli werden die Kirschen unzerquetscht in grosse Fässer geworfen, und dort zwei Monate lang der Gährung überlassen. Das Fass wird hierauf dicht verkorkt. So bleiben die Kirschen bis zur Weinernte und bei Leuten, die Fässer genug haben, noch bis in den Januar und Februar hinein liegen. Soll dann zum Brennen geschritten werden, so wird die Masse in einen Kessel geworfen und erwärmt, der Dampf in dem sogenannten Hut aufgefangen und mittelst einer Röhre in tropfbarem Zustande in steinerne Krüge geleitet, von wo er als fertiger

Schnaps in rundbauchige Flaschen von 6—7 oder 18 bis 25 Liter Inhalt kommt. Den Rückstand erhalten die Schweine.

Die Ergiebigkeit der Kirschen an Kirschwasser ist je nach ihrem Standort sehr verschieden. Die grössere Höhenlage bringt durchgehends ertragreichere Kirschen hervor. Dies mag zum Theil wohl in den atmosphärischen Einflüssen auf die Ernährung des Baumes, zum Theil aber auch darin seinen Grund haben, dass die höher liegenden Kirschen 8—14 Tage später, als die Kirschen der Ebene ausreifen, was auf ihren Zuckergehalt einen sehr günstigen Einfluss ausübt. So geben in Grube 60 Liter Kirschen — die Menge welche zu einem Brand genommen wird — 5—6 Liter Kirschenwasser in den tiefer, 7—8 Liter in den höher gelegenen Gegenden. In Laach und Steige destillirt man in den Fermen aus einem Brande, zu welchem hier eine Ohm (50 l) Kirschen genommen werden, 8 Liter, in St. Morits aus der gleichen Quantität 6 Liter Kirschwasser.

Von einem Baum werden im Durchschnitt 80 l Kirschen geerntet.

Wie der kleine Rebbauer zur Kelter des Nachbars, so geht der Besitzer weniger Kirschbäume auch zu des Nachbars Brennkessel und zahlt ihm für die Benutzung desselben zu einem Brande 8—10 Sou. Solche Leute destilliren meist nur für den eigenen Consum. Die Besitzer grösserer Kirschbaumanlagen arbeiten dagegen auf den Verkauf ihres Produktes, haben aber in den letzten Zeiten recht schlechte Geschäfte gemacht. Die Nachfrage hat ganz beträchtlich nachgelassen, der Art, dass in manchen Gemeinden noch die Hälfte des letztjährigen Produktes auf Käufer wartet. Man fürchtet allgemein, dass die Unsicherheit, ob „der Kirsch" nicht mit gewöhnlichem Branntwein versetzt sei, die Kauflust für echten Kirsch sehr gemindert habe. Wird der Alkohol zu den noch in Gährung begriffenen Kirschen hinzugefügt, und auf diese Weise mit überdestillirt, so soll die feinste Zunge kaum einen Unterschied in dem so präparirten und dem echten Kirsch herauszuschmecken vermögen. Wenn man trotzdem von ersterem nichts wissen will, so trägt hieran wohl die beinahe abergläubische Furcht des Süddeutschen vor dem Fuselgehalt des norddeutschen Sprits die grösste Schuld.

Unter diesen Umständen steht ein allgemeiner Rückgang der Kirschwasserproduktion zu Gunsten des Verkaufs der rohen Kirschen nach Frankreich zu befürchten. Am wenigsten rentirt sich die Destillation bei Leuten, deren Reichthum an Kirschen mit ihrem sonstigen Vermögenszustande und ihren landwirthschaftlichen Kräften nicht im Einklang steht. Diese müssen erstens ein paar Mann zum Abpflücken der Kirschen anstellen, da die Kirchen wegen der Gefahr des Verfaulens sehr schnell geerntet werden müssen. Ferner muss der Brennzins an den Kesselbesitzer, und falls der Kirschwirth nicht Zeit genug hat, um selbst destilliren zu können, der Lohn für die destillirenden Arbeiter, und schliesslich noch die Steuer bezahlt werden. Alles das sind Ausgaben, die beim Verkaufe wegfallen, da der Kirschenhändler, der die Frucht auf dem Baume gekauft hat, insbesondere das Pflücken besorgen muss. So rechnete mir ein Weber und Bauer in Noirreu vor, dass er für 32 l Schnaps die — bei dem jetzigen Preise von 2 Mk. pro Liter — einen Verkaufswerth von 80 fr. repräsentirten, 55—60 fr. Produktionskosten gehabt habe. Mag diese Angabe auch übertrieben sein, so spricht doch die Thatsache, dass der Mann eine grosse Zahl seiner Kirschbäume, weil der durch den Schatten verursachte Nachtheil durch den Ertrag des Kirchwassers nicht ersetzt werde, umgehauen hat, immerhin für die Unproduktivität dieser Kultur, wenn auch nur bei gewissen Umständen. Es ist übrigens dies das einzige Beispiel eines so radicalen Hülfsmittels, das mir vorgekommen ist. Die Kirschenbesitzer setzen vielmehr ihre Hoffnungen jetzt auf den Rohverkauf der Kirschen.

In derselben Weise wie die Kirschen zu Kirsch, werden die Zwetschen zu „Quetsch“ verarbeitet. Die Produktion desselben ist jedoch eine äusserst geringe, da die meisten Zwetschenbäume im Winter 1879/80 erfroren sind.

In einigen Gemeinden werden die dort gezogenen Aepfel zu Aepfelwein und Essig verarbeitet. Es geschieht dies in den Mühlen zu Bassenberg, Breitenau, Breitenbach,

Grube und St. Moritz, welche die hierzu erforderlichen Vorrichtungen besitzen. Das Verfahren ist höchst einfach. In der Mühle werden die Aepfel mittelst einer Walze zerquetscht, Saft und Rückstände untermengt sodann in Fässer verladen, und im eigenen Keller gähren gelassen. Ist das ausgegohrene Produkt nicht allzusauer, so wird es als Aepfelwein, manchmal mit Traubenwein gemischt getrunken, andernfalls lässt man es in Essig übergehen, um es später im eigenen Haushalt zu verwerthen. Ein Verkauf desselben kommt kaum vor.

Ein Apfelbaum trägt durchschnittlich 2—4 Sack Aepfel, den Sack zu 200 Pfund gerechnet. 2 Sack liefern nach der übereinstimmenden Aussage der Mühlenbesitzer von Steige und Grube eine Ohm Apfelwein oder Essig. Werden genügend Aepfel in die Mühle gebracht, so wird für das Zerquetschen „par pressée" bezahlt; jede Pressung kostet dann 20 Sou. Sonst zahlt man per Sack 4 Sou. Der Müller in Steige hat 1884 10 Pressungen, der in Grube 1884 nur 2, 1883 aber 20 Pressungen vorgenommen.

Der nach der Gährung verbleibende Rest (mars) wird zur Destillation benutzt, nachdem er noch einmal einen Gährungsprocess durchgemacht hat. Das „eau de vie de pomme" soll noch schmackhafter sein als der Kirsch, und wird, wenn überhaupt, zu demselben Preise wie dieser verkauft. Manche werfen die Aepfelreste auch den Schweinen vor.

Noch ist zu bemerken, dass ebensowohl wilde Kirschen zur Destillation, wie Holzäpfel zur Essigfabrikation genommen werden. Das Produkt soll in beiden Fällen besser sein, wie das aus den veredelten Früchten.

Die Bereitung von Oel aus Nüssen ist gleichfalls besonders im hinteren Weilerthale üblich.

Die im Herbst geernteten Nüsse werden an den langen Winterabenden zur Fabrikation vorbereitet. Da sitzt denn die ganze Familie rings um den Tisch herum; der Vater schlägt mit dem Hammer die harten Schalen entzwei und Weib und Kinder befreien sie aus den Schalen und Hülsen. Dabei geht es recht heiter zu. Ein Stück Brot und ein paar

Aepfel und Nüsse werden mit einem Glas Wein oder Kirsch vorgesetzt, und die fröhliche Stimmung lockt dann dir Kinder der Nachbarschaft herbei, die getreulich mithelfen, beim Abhülsen sowohl wie beim Essen und Trinken.

Ist diese Arbeit fertig, so kommen die Nüsse in eine Oelmühle, die bis in den März hinein mit dem Auspressen des Oels beschäftigt ist. In der Mühle werden die Nüsse zunächst von zwei grossen walzenförmigen Mühlsteinen zerquetscht, und kommen dann in einen Trog, wo sie von einem grossen durch Wasserkraft bewegten Balken ausgepresst werden. Die Rückstände zweier Pressungen werden zusammengethan und noch einmal ausgepresst. Zuweilen wird dasselbe mit drei der darnach verbleibenden Rückstände wiederholt.

Ein Nussbaum bringt durchschnittlich das Material für eine Pressung, nämlich 5—6000 Nüsse. Man gewinnt hieraus nach Angabe des Gruber Müllers 11—12, nach der des Steiger Müllers 8—9 l eines Oels, das als vorzügliches Salatöl geschätzt wird. Der Rückstand, die sogenannten Oelkuchen (pain d'huile) liefern ein gutes Futter für Kühe und Schweine.

Man verbraucht das Nussöl nur in der eigenen Wirthschaft. Höchstens verkauft man von seinem Ueberfluss etwas an den Nachbar, und erhält dann 2 fr. für den Liter.

Was den Preis des Auspressens betrifft, so fordert der Müller in Steige 16 Sou bei doppelter, 22 Sou bei dreifacher Pressung, der in Grube 15 Sou par pressée. In Grube fanden 1883 10 Pressungen, 1884 aber keine statt. Die Steiger Mühle hatte 1884 4—5 Tage lang Nüsse gemahlen und dabei täglich $2^1/_2$ Sack verarbeitet.

Im Anschluss an die Besprechung des Nussöls möchte ich noch wenige Worte über die Bereitung von Oel aus Raps (colza, navettes) sagen, welche man auch, allerdings nicht in grosser Ausdehnung, hier vorfindet.

Dieselbe erfolgt gleichfalls in einer der fünf Oelmühlen. Die Samenkörner werden zunächst zwischen zwei neben einander laufenden eisernen Cylindern platt gequetscht, sodann in einem Kessel unter fortwährendem mittelst Wasserkraft bewirkten Rühren erwärmt, kommen sodann unter denselben Balken wie die Nüsse, um schliesslich von einem grösseren steinernen Mühlsteine, der wie eine Walze in Drehung versetzt ist, ausgepresst zu werden. Die Rückstände zweier Pressungen werden regelmässig noch einmal verarbeitet.

Bezüglich der Oelergiebigkeit sind die Angaben aus Steige und Grube verschieden. Hier soll die Pressung von 20 l Samen 8—10 selten 11 l, hier soll der Sack = 100 l nur 25—30 l. Oel geben. Der Müller in Grube fordert für die Pressung 15 Sou, der in Steige 16 Sou. Ersterer hat 1884 15 Pressungen ausgeführt, letzterer gegen 30 Tage lang Rapsöl bereitet, wobei auf den Tag zwei Sack kamen.

Das Oel wird in der eigenen Wirthschaft und zwar zur Beleuchtung oder an Stelle des Schmalzes verbraucht. Die Oelkuchen werden an das Vieh verfüttert.

Ausser den Obstbäumen bringen die Eichen- und Kastanienbäume („Kesten") einen reichlichen Ertrag. Sowohl die Gemeinden als auch eine grosse Anzahl von Privaten besitzen ausgedehnte Waldungen dieser Nutzhölzer.

Ist ein Schlag Gemeindeeichenwald zur Aberntung bestimmt, was gewöhnlich nach 20jährigem, in einigen Gemeinden nach 30jährigem Wachsthum der Fall ist, so wird zu Anfang des Jahres die Eichenlohrinde auf dem Stamm versteigert. Der Steigerer hat die Bäume selbst umhauen und schälen zu lassen, und muss mit dieser Arbeit spätestens am 1. Juli fertig sein. Das abgeschälte Holz wird sodann als Brennholz versteigert, und zwar gleich darauf, da im Juli die Stöcke schon wieder auszuschlagen beginnen, die Arbeit im Walde dem Bestande daher nachtheilig werden könnte. Die Rinde wird theilweise nach Schlettstadt, zum grössten Theil aber nach der Gerberstadt Barr verkauft. Die Einnahmen der Gemeinden für dieselben sind oft recht beträchtliche. Es folgen hier einige Angaben über die im Jahre 1883 erzielten Steigpreise. Zu bemerken ist hierbei, dass die Versteigerung von der Forstbehörde vorgenommen wird, welche vorher den Ertrag des Schlages und den Werth der Rinde schätzt. Letzteres geschah im Jahre 1883 gleichmässig auf 5 Mk. inclusive und 3,20 Mk. exclusive der Werbungskosten für den Centner.

	Umfang der Fläche ar	Geschätzter Ertrag Ctr.	Geschätzter Werth excl. Kosten.	Erzielter Steigpreis Mk.	Der erzielte Preis beträgt: pro Ar Mk.	pro geschätzten Ctr. Mk.
Erlenbach . .	143	300	960	720	5	2,40
St. Moritz . .	55	75	240	280	5	3,70
St. Petersholz	100	180	576	675	6,75	3,75
Laach . . .	86	150	480	440	5	2,90

Nach dieser Zusammenstellung zu schliessen scheint der Steigerer auf die Schätzung der Forstbehörde wenig Werth zu legen, vielmehr nur nach der Grösse der Fläche zu rechnen, und hier sich, von Ausnahmefällen abgesehen, einen bestimmten Preis als Norm zu setzen.

Es ist leicht ersichtlich, dass so die Eichenwälder einen viel höheren Ertrag als die andern Waldbestände abwerfen. Sie können alle 20 Jahre genutzt werden, ohne dass darauf eine neue Anpflanzung nöthig wäre, und sie liefern ausser dem Holz zur Feuerung noch die werthvolle Lohrinde, einen Handelsartikel mit sicherem Absatz. Kein Wunder, dass daher z. B. die Gemeinde Bassenberg beschlossen hat, ihre sämmtlichen Tannenbestände in Eichenwaldungen zu verwandeln.

Einen gleichfalls sehr hohen Ertrag liefern die Kastanien, welche zum grössten Theil in den Händen von Privaten, zum geringeren in denen von Gemeinden sind. Diese bedürfen nur eines 15—17jährigen Wachsthums, ja es gibt Private, welche sie schon nach 10—13 Jahren hauen lassen. Aus diesen im Vergleich zu den Eichen kürzeren Umtriebszeiten lässt sich auch theilweise die Thatsache erklären, dass die Kastanienwälder zumeist in den Händen von Privaten, die Eichenwaldungen in denen der Gemeinden sich befinden, welche die längeren Umtriebszeiten wirthschaftlich besser vertragen als Private.

Die Kastanien liefern ein vorzügliches Material für die Rebpfähle. Das Weilerthal exportirt sie als solche in erheblicher Menge nach der Ebene, insbesondere nach Schlettstadt und Barr.

Hierbei ist einer Kleinigkeit Erwähnung zu thun, welche wiederum beweist, wie genau der Produzent die Sitten und Geschmacksrichtung seiner Abnehmer kennen muss. Unter den Rebpfählen werden nämlich die Barrer und die Schlettstädter Stöcke unterschieden. Der Markt von Barr verlangt ganz starke, der von Schlettstadt dagegen schwächere Pfähle. Um dem Bedarf an letzteren zu genügen, werden daher oft starke Stämme in der Mitte gespalten, um daraus zwei Schlettstädter Stöcke zu erhalten.

Für das Hundert Rebpfähle werden gewöhnlich 25 fr., selten nur 20 fr. eingenommen. Dieselben halten je nach ihrer Länge 20, 15 und 10 Jahre im Boden aus. Die ersten beiden Klassen werden erst nach 10 Jahren das erste Mal aus dem Boden genommen, und ihr verfaultes Ende abgehauen.

Mit diesem Zuspitzen wird so lange fortgefahren, bis die Rebpfähle die Höhe des Weinstocks haben.

Auch diese Bodennutzung soll nach Beschluss einer Gemeinde (Neukirch) fortan an Stelle des Hochwaldes treten.

Im Uebrigen liefert der Wald, von welchem 2716 ha staatlich und 2128 ha im Eigenthum der Gemeinden sind, dem Weilerthaler manche Vortheile. Er bezieht aus demselben sein Buchenholz zur Fabrikation der Holzschuhe, und sein Nadelholz zur Anfertigung der sogenannten Dachschindeln.

Gegen Lösung eines Scheines darf er sich Raff- und Leseholz zum Preise von 0,20 Mk. für den Raummeter zusammensuchen. Kauft er sich einen Erlaubnissschein für 1 Mk., so kann er eine Fuhre voll Stockholz (Wurzelstöcke), die er selbst ausgraben muss, dem Walde entnehmen, wobei ihn der Raummeter ungefähr 0,25 Mk. zu stehen kommt. Für eine Traglast selbst gerupften Waldgrases hat er 0,15, für eine Traglast Forstunkräuter 0,05 Mk. zu zahlen.

Endlich kann er von den Steinbeständen der Gebirgsforsten Werksteine zu 2 Mk. den Raummeter und Bruchsteine zu 0,50 Mk. den Raummeter beziehen. Auch verschafft die

Waldarbeit manchem Weilerthaler einen leidlichen Verdienst durch verschiedene Forst-Wegearbeiten.

Der Umfang der im Weilerthal getriebenen Viehzucht lässt sich am besten aus den Daten der Viehzählung vom Jahre 1883 ersehen, welche in Tabelle III zusammengestellt sind. Die geringe Anzahl von Pferden (in Summa 96) kann bei den ärmlichen Verhältnissen des Thales und bei der oben geschilderten durch die gebirgige Lage bedingte Art des Landbaues nicht Wunder nehmen.

Von den 96 Pferden des Thales entfallen 35 auf Weiler, die zum weitaus bedeutendsten Theil dem Transport und nicht ackerwirthschaftlichen Zwecken dienen. Die nächst höhere Zahl weist Thannweiler mit 14 auf. Dieselben werden sich zum grössten Theil wohl in den Ställen der dortigen gräflichen Besitzung befinden. Ob dieselbe Ursache die hohe Pferdeanzahl des nahe gelegenen St. Petersholz bedingt, weiss ich nicht; die Wohlhabenheit dieses Bauerndorfes dürfte aber genug zur Erklärung der 12 Pferde beitragen. In den übrigen Dörfern finden sich meist nur 1—3 Pferde; in Gereuth, Bassenberg und Steige allein wird diese Zahl etwas überschritten.

Die Anzahl der Stück Rindvieh ist 4437, so dass bei einer Zahl von 2939 Haushaltungen auf jede derselben durchschnittlich 1,5 Stück kommen. Am meisten Rindvieh wird gehalten in den drei wohlhabendsten Bauerngemeinden Breitenbach (435 Stück), St. Petersholz (341) und Erlenbach (328). Ferner in den beiden Gemeinden, die zwar einen stärkeren Procentsatz Weberfamilien enthalten, als die letztgenannten, deren Bewohner sich aber zum Theil einer gewissen Wohlhabenheit erfreuen, Steige (335) und Neukirch (298). Ferner in den drei Gemeinden des südwestlichen Zipfels Urbeis (358), Grube (333) und Laach (253), deren ausgesprochener Gebirgscharakter zur Pflege der Viehzucht antreibt; und endlich in Meisengott (328), das uns wie immer eine Erklärung über seine Ausnahmestellung schuldig bleibt. Wenn daher auch über Mangel an Rindvieh im Weilerthal nicht zu klagen ist, so könnte die Verwerthung desselben doch eine intensivere sein.

Ein Export frischer Milch etwa nach Schlettstadt oder Markirch besteht nicht. Butter wird in ganz geringen Quantitäten nach Markirch verkauft, worauf wir weiter unten zurückkommen, und in gleichfalls nicht grosser Menge nach Weiler auf den Markt gebracht.

Auch in der Käsefabrikation wird nichts nennenswerthes geleistet. Nur etwas Sauermilchkäse wird zum eigenen Gebrauch und höchstens zum Verkauf an den Nachbar bereitet. Das erste Stadium desselben, in Norddeutschland Quark, hier „Wisser Käs", „fromage blanc" oder „Pipeleskäs"[1] genannt, wird dadurch erzielt, dass man von der geronnenen Milch die Molken abtropfen lässt, indem man erstere entweder in einem Tuch aufhängt, oder in ein an allen Seiten durchlöchertes Sieb bringt. Soll daraus nun der sogenannte Bauernkäse („Bürkäs") werden, so wird der Quark in runde Massen geformt auf ein Gestell in der Nähe des Ofens der Wohnstube zum Trocknen hingelegt. Sodann lässt man ihn im Keller ungefähr ein halbes Jahr lang ausreifen, um ihn zu verzehren, wenn er einen braungelben Rand bekommen hat. Dies die ganz primitive Art der Käsebereitung im Weilerthal. Das gute Beispiel anderer Vogesenthäler in der Fabrikation exportfähiger Käse hat also hier noch keine Nachahmung gefunden.

Die wichtigste Verwerthung des Viehes ist, abgesehen von seiner Verwendung als Arbeitsthiere, die Fleischproduktion.

Die Kälber werden im Alter von 2—3 Wochen an die Fleischer von Weiler und zuweilen an die des Leberthales verkauft, welche meist selbst auf den Dörfern sich ihre Waare aussuchen. Die Kälber haben bei ihrem Verkauf ein Gewicht von 80, 90 und 100 Pfund, das bis 120 Pfund steigen, aber nicht unter 60 Pfund sinken kann. Diese Angaben sind mir übereinstimmend in Neukirch und in den hochgelegenen Fermen von Noirreu gemacht worden. Es ist also falsch, wenn man annimmt, die Viehzucht der Vogesenthäler erziele durchgehends nur Kälber von 40 bis 60 Pfund Gewicht.

[1] Weil er den jungen Hühnern „Pipele" vorgeworfen wird.

Der Preis der Kälber beträgt stets 2/3 des Preises des todten Gewichts, d. i. des Preises, den der Fleischer durch den Detailverkauf des Fleisches erlangt: Ein ganz merkwürdiges Beispiel einer vertragsmässigen Theilung des vom Consumenten bezogenen Erlöses unter den Rohproduzenten und den gewerblichen Verarbeiter. Eine Uebervortheilung des Bauers durch den Fleischer wird hierbei von ersterem nicht gefürchtet, da die Marktpreise des Fleisches ja stets allgemein bekannt werden.

Für ein Kalb von 3 Wochen werden auf diese Weise gewöhnlich 35—40 fr. eingenommen.

Eine andere bestimmte Vertheilung des Erlöses findet sich beim Verkauf der Ochsen. Hier zahlt der Fleischer 2 Sou vom Pfund mehr, als er das Fleisch verkauft. Dabei werden aber die Haut, der Kopf, die Gedärme und die Knochen bis zum Knie nicht mit eingerechnet, sondern dem Fleischer als Aequivalent für den Mehrpreis und als Gewinn überlassen. Der Ochse wird erst 20 Stunden nach dem Schlachten gewogen, weil sonst die grössere Feuchtigkeit des Fleisches dem Fleischer Nachtheil bringen würde.

Ob die Nachzucht des Rindviehes wirklich nur durch die von der gesetzlich eingesetzten Schaukommission angenommenen Stiere erfolgt, habe ich nicht mit Sicherheit feststellen können. Jedenfalls gehören die Andersfälle zu den Ausnahmen. Ausser Bassenberg hat jede Gemeinde mindestens einen Zuchtstier; Grube, Gereuth, Diefenbach und Meisengott haben je zwei, Steige und Breitenbach 3 und Erlenbach 5.

In den letzten beiden Gemeinden ist das Halten von Zuchtstieren zu einem öffentlichen Amt geworden. In Erlenbach muss der Bauer, welchem es übertragen ist, zwei Stiere erster oder zweiter Klasse und einen Kälberstier halten. Von der Gemeinde erhält er hierfür eine „Prämie" von 300 Mark jährlich und von den Privaten für jeden Sprung 1,20 Mark. Neben diesen amtlichen Stierhaltern gibt es nun noch zwei Concurrenten, die ihre Stiere für 0,80 Mk. springen lassen. Die Concurrenz ist jedoch ertragbar, weil die Qualität der letzteren nicht so gut ist, wie die der amtlich gehaltenen Stiere.

Die Gemeinde Breitenbach versteigert dies Amt an die beiden Mindestbietenden. Im letzten Jahre erhielt der eine es gegen 215, der andere gegen 205 Mk. Ausserdem erhält jeder noch eine Wiese, die sogenannte „Stiermatt“ zur unentgeltlichen Benutzung.

Die oben genannten Summen werden nun aber nicht aus der Gemeindekasse bezahlt, sondern von denjenigen Bürgern, die ihre Kühe haben bespringen lassen, nach Verhältniss dieser am Schlusse jeden Jahres festgestellten Sprünge. Auch in Breitenbach hat ein Bauer privatim einen geschauten Stier zum Springen angeboten, scheint aber nach Entstehung etlicher Reibereien kein Glück damit gehabt zu haben.

Der Preis, den die Privaten für den Sprung fordern, ist gewöhnlich 1—1,20 Mk. In Steige und Meisengott sinkt er jedoch auf 0,80 Mk. und steigt in Triembach auf 1,60 bis 2 Mk.

Ein anderes mit der Viehzucht verbundenes Gemeindeamt ist das des Gemeindehirten. Auch dies wird gewöhnlich an den Mindestbietenden versteigert. Wer es erhalten hat, wird von den Viehbesitzern nach Verhältniss des von diesen auf die Weide getriebenen Viehs bezahlt. In Breitenbach bekam er im letzten Jahre 2 fr., in Erlenbach aber 5 fr. für jedes Stück Vieh. Der hohe Preis daselbst erklärt sich aus der geringen Anzahl von Vieh, die dem Gemeindehirten mitgegeben werden. Die Bauern daselbst schicken ihr Vieh überhaupt nicht so viel auf die Weide, und wenn sie es thun, so geben sie ihm lieber einen eigenen Hirten mit.

Bei dieser Gelegenheit sei noch eines Gewohnheitsrechtes gedacht, das in Gereuth, Diefenbach und Neukirch herrscht. Dort ist es jedem Bürger gestattet, nach der zweiten Heuernte, dem Ohmd, sein Vieh 6 Wochen lang auf sämmtlichen Wiesen, seien sie im Eigenthum von Privaten oder von der Gemeinde, unentgeltlich weiden zu lassen. Die hierdurch für die Nichtbesitzer von Matten erzielte Ersparniss an Futterausgabe beträgt ungefähr 6 Centner Heu.

Die Anzahl der Ziegen im ganzen Thal beläuft sich auf 906. Die Vertheilung derselben auf die einzelnen Gemeinden und innerhalb dieser auf die einzelnen Bewohner zeigt uns zwei charakteristische Merkmale derselben: Die Ziege ist das Thier des Gebirges und das Thier der Armuth.

Die erste Eigenschaft zeigt sich darin, dass das hintere Weilerthal, das einen weit ausgesprocheneren Gebirgscharakter besitzt, als das vordere, auch bei weitem ziegenreicher ist als dieses. Wir finden hier in Thannweiler 1, in St. Moritz 3, in Triembach 12, in St. Petersholz 15, in Diefenbach keine, in Gereuth 23, in Neukirch 21, in Bassenberg, welches wie in vielen Stücken so auch in diesem Punkt mit dem Charakter des vorderen Thales harmonirt, 9 und in Weiler 23. Auch St. Martin mit nur 18 Ziegen schliesst sich seinen östlichen Nachbardörfern an. Die Zahlen für den nordwestlichen Theil des hinteren Thales sind im Uebrigen schon viel grösser. So hat Erlenbach 95, Breitenbach 80, Meisengott 51 und Steige 67. Von dem südwestlichen Zipfel hat Breitenau 40 Ziegen, die drei übrigen Gemeinden zeigen durch ihre hohen Zahlen auch hier wieder ihren ausgeprägten Gebirgscharakter. Grube zählt 115, Laach 213, Urbeis 167.

Dass die Ziege vorwiegend von den ärmeren Leuten gehalten wird, und dass namentlich diejenigen, welche sonst kein Vieh haben können, sich wenigstens eine Ziege anschaffen, habe ich durchgehends zu beobachten Gelegenheit gehabt. Diese Erscheinung ist auch durchaus verständlich. Schon als Anlagekapital wird eine ungefähr 8—10 mal kleinere Summe gefordert, wie für die Rindviehzucht. Denn während eine Kuh durchschnittlich 160—200 Mk. kostet, bezahlt man für eine Ziege durchgehends 20 Mk.

Die Ernährung kostet im Sommer wenigstens so gut wie gar nichts, da die Ziege ihr Futter auf den Gebirgsweiden, den Krütern und anderen Bergabhängen findet, ohne dass ihre Besitzer hierfür etwas zu zahlen verpflichtet wären. Die Ziege liefert täglich gegen 2 l Milch und jedes Jahr 2 bis 3 Junge.

Diese Gaisen, die im Frühjahr zur Welt kamen, werden dann oft genug im Zimmer aufgezogen, woselbst sie von manchen Leuten unter umgestürzte Körbe gesetzt werden, damit durch das viele Umherspringen der Fettansatz nicht gehindert werde. Sind sie 2—3 Wochen alt, so wird vielleicht eines als Osterbraten verspeist, ihr Fell und das andere aber an den Juden verkauft. Für ein Fell zahlt er 1,20 bis 1,40 Mk., für die Gais 2,40 Mk.

Ziegenböcke werden nur in wenigen Gemeinden gehalten; von Privaten in Urbeis 2—3, in Laach einer und in Breitenau einer. Der abscheuliche Gestank, den ein solches Vieh während der Sprungzeit verbreitet, erlaubt nur den unempfindlichsten Leuten, sich um solchen Preis einen so kleinen Verdienst zu erwerben. Zu Michaelis kommen nämlich während der Zeit von 6 Wochen die Leute aus dem Dorf und den umliegenden Ortschaften und bringen ihre Ziegen in den Stall des Bockhalters, der von jedem Sprung 4 Sou erhält. Auch nach Wansel im Leberthal und nach Kestenholz werden Ziegen aus dem vorderen Weilerthal geführt.

Ein Bock, welcher, im Frühjahr geboren, 6—7 Monate alt ist, macht in einer Sprungzeit 60—100 Sprünge. Nachdem er seine Schuldigkeit gethan, wird er entweder sogleich für 5—8 fr. an den Juden verkauft oder er wird castrirt, um dann nach Verlauf von ungefähr 6 Wochen einen guten Braten abzugeben.

In den Gemeinden Steige, Breitenbach und Erlenbach hat man, da Private daselbst die Widerwärtigkeit des Bockhaltens nicht auf sich nehmen, seit lange den von der Gemeinde angestellten Gaishirten zum Halten eines solchen verpflichtet. Dieser erhält in Breitenbach und Erlenbach für jede Ziege, die er hütet, vom Eigenthümer 2 fr., in Erlenbach ausserdem für jeden Sprung 4 Sou. In Breitenbach sind dagegen nicht die Bürger, sondern sonderbarer Weise die Stierhalter verpflichtet, dem Gaishirten für das Springenlassen eine Pauschalsumme von 3 fr. zu zahlen. In Steige, woselbst die Anzahl der Ziegen gegen früher sehr abgenommen hat, ist der „Bockschilling“ dadurch sehr in die Höhe gegangen, statt 4 beträgt er jetzt 6 Sou.

Wohl am verhältnissmässig gleichmässigsten ist der Besitz von Schweinen vertheilt. Die Sitte jedes Jahr mindestens ein Schwein aufzuziehen, ist auch bei ärmeren Leuten sehr im Schwange. Die Art und Weise, wie dies geschieht, ist allerdings eine jämmerliche. Alles was der Mensch nicht isst, bekommt das Schwein, wurde mir von einem Weber einmal gesagt. Die Schalen der Kartoffeln mit andern Abfällen der Küche bilden das gewöhnliche Futter. Höchstens wird noch etwas Kleie hinzugefügt. Für diese bezahlt man, wenn sie von Weizen herrührt, 7 fr. per Centner, für die Roggenkleie dagegen, in welcher noch mehr Mehl hängen geblieben ist als bei dem sorgfältig gemahlenen Weizen, 8 fr. Besser situirte geben den Schweinen wohl auch ganze Kartoffeln und Körner, selten aber Milch als Fütterung.

Bei dieser Ernährungsmethode ist es denn kein Wunder, dass das Weilerthal nur ganz magere Schweine kennt, die gewöhnlich nur 90—100 höchstens 150 Pfund wiegen. Diese Schweine werden nur selten an die Fleischer in Weiler oder im Leberthal verkauft. Geschieht es, so wird gewöhnlich nur eine Hälfte veräussert, die andere zum eignen Gebrauch zurückbehalten. Auch hier wird der Preis nach den vom Fleischer erzielten Einnahmen berechnet. Man erhält vom Pfund 2, selten 3 Sou weniger, als der Fleischpreis beträgt.

Die Verwerthung in der Haushaltung geschieht nun in der Weise, dass das Schmalz an dem Rücken und den Gedärmen ausgelassen wird, der Kopf frisch verzehrt, alles Uebrige aber, mit Einschluss des kläglich wenigen Speckes in „Rothfleisch“ verwandelt wird. Zu dem Ende legt man das Fleisch zunächst in eine scharfe Beize, bestehend aus einer Lösung von Kochsalz und Salpeter, mit Pfeffer, Coriander, Lorbeerblättern und Knoblauch, und lässt es nach acht Tagen im Schornstein räuchern.

Würste werden nur zwei Arten für das Haus verfertigt. In die grösseren Därme kommt folgende Wurstmasse: etwas Fleisch, Grieben (die Rückstände des Schmalzes beim Auslassen), Kartoffeln, Zwiebeln, und manchmal noch Weissbrot und Milch. Diese Mischung wird, bevor sie in die Därme gestopft wird, gebraten und dann in diesen gekocht. Die kleineren Därme werden zu den besseren Blutwürsten benutzt, die aus Fleisch, Blut, Milch und Semmel bereitet werden.

Die Ferkel, welche zur Aufzucht verwendet werden sollen, werden fast stets auf den Märkten in Weiler und Schlettstadt oder auf den Fermen gekauft. Man zahlt für ein 6—8 Wochen altes Ferkel im Winter 10—12, im Frühjahr 18—20 fr. Da die Ferkel meist gekauft werden, so ist die Anzahl der Zuchtsauen auch sehr gering. Die meisten werden auf den Fermen gehalten, woselbst für dieselben mehr Raum ist, als in den Dörfern. Die beiliegende Tabelle V gibt die Anzahl der Mutterschweine nach der Viehzählung von 1883 an. Meine eignen Aufzeichnungen, die wie jene nach den Mittheilungen der Bürgermeister gemacht worden sind, zeigen meistentheils etwas niedrigere Zahlen. Eber existiren nur 2 im Thal; einer in einer Ferm bei Breitenbach und einer in Laach. Die Besitzer von Mutterschweinen sind daher meist genöthigt, diese nach auswärts, so nach Hohwald, oder in die Nähe von Climont, nach Deutsch-Rumbach im Leberthal und nach Kestenholz zu führen. Die Preise für den Sprung sind sehr verschieden. Am meisten, nämlich 3 Mk., müssen die Einwohner von Steige den Eberbesitzern bei Climont bezahlen. Die Laacher zahlen 1,60 Mk., die Leute aus Urbeis, Grube und Breitenbach 1 Mk. In Deutsch-Rumbach wird den Breitenauern nur die Summe von 60 Pf. abverlangt.

Es scheint hier die eigenthümliche Erscheinung sich zu zeigen, dass entgegen allem was man erwarten sollte nicht die erhöhte, sondern die verringerte Nachfrage den Preis steigert. Das wenigstens ist mir als Grund für die 3 Mark in Steige angegeben, wo nur 3 Mutterschweine im Dorf und ebensowenig in den umliegenden Ortschaften sich befinden. Hierzu stimmt auch, dass die Leute aus Urbeis, Grube und Breitenbach, welche ein viel geringeres Sprunggeld zahlen, eine grössere Anzahl von Muttersauen haben.

Man findet im Weilerthal nur wenige Familien, die

keine Hühner besitzen. Die Eier derselben werden zum grössten Theil im Haushalt verwandt, ebenso die jungen Hühner, die man etwa ausbrüten lässt. Nur die Dörfer in der Umgegend der Stadt Weiler finden daselbst für beides einigen Absatz.

Ein kleiner Handel mit Eiern, ebenso wie mit frischer Butter besteht aus dem Weilerthal nach Markirch. Während nämlich in Weiler und Schlettstadt das Ei nur einen Sou gilt, verkauft man das Dutzend Eier in Markirch zu 14 bis 15 Sou. Ebenso ist der Preis des Pfundes Butter hier 1 bis 2 Sou höher als dort. Auf einem Rückkorb tragen nun die Leute jedesmal 10—12 Pfund Butter und 15—18 Pfund Eier, die sie im Dorfe aufgekauft haben, nach Markirch hin, wo sie ihre Waare von Haus zu Haus wandernd abzusetzen suchen. Durchschnittlich verdienen sie auf diese Weise jedesmal 2 bis 2,50 fr. nebst den Reiseunkosten.

Eigenthümlich ist auch die Gepflogenheit, die ich in Bassenberg und Triembach ziemlich verbreitet, anderwärts nur hie und da auftauchend fand: Die Eier als Tauschmittel beim Bäcker und Krämer zu benutzen. Verloren wird hierbei natürlich stets etwas. So galt in meiner Anwesenheit das Ei etwa $6^1/_2$ Pfg., wurde aber vom Bäcker und Krämer nur für 4 Pfg. angenommen.

Die Anzahl der im Weilerthal gehaltenen Schafe beträgt nur 87. Verhältnissmässig die meisten hat Urbeis mit 21, Steige mit 20 und Erlenbach mit 13 Stück. In ersteren Gemeinden sind es nur die „Fermiers“, die solche halten. Die Wolle wird oft in der Art verwerthet, dass man sie in einer Fabrik spinnen lässt, und aus dem Fabrikat dann selbst Strümpfe strickt.

Auch Kaninchen („Kinjele“) werden nur wenig im Thal gehalten. Trotzdem sich dieselben nicht schwer aufziehen lassen, und sich, wie bekannt, ungemein schnell vermehren, schreckt man doch vor dem Halten derselben zurück, einmal, weil sie den Boden zu sehr aufwühlen, und dann weil sie zwei fast in jedem Haus anzutreffende Feinde haben:

Die Katzen und die Ratten. Erstere, so ist mir mehrfach versichert worden, stellen den Alten, letztere den Jungen nach. In grösserer Anzahl findet man diese Thiere in Breitenbach und Steige vertreten. Namentlich in letzterem Orte sollen die wohlhabenderen Bauern fast alle in ihren Kuhställen eine Kaninchenfamilie oft in einer Stärke von 15—20 Stück beherbergen. Gefüttert werden sie mit Kartoffeln und Heu, ein für dieses mit allem möglichen Grünzeug vorlieb nehmendes Vieh, recht nahrhaftes Futter. Die Kaninchen werden, wenn man sie nicht selbst verspeist oder an den Nachbar verkauft, auf den Markt nach Weiler gebracht und hier für ein Junges 1 Mk., für ein Altes 5 Mk. eingenommen.

Endlich sei noch des kleinen Nutzthieres, der Biene, Erwähnung gethan. Aus der im Anhang mitgetheilten Anzahl von Immenstöcken ist ersichtlich, dass auch diese Kultur besonders im hinteren Weilerthal stark betrieben wird. Der hier gewonnene Honig ist von vorzüglichem Geschmack und wird sowohl nach der Ebene wie nach Frankreich in ziemlichen Mengen exportirt. Aus Steige allein sollen im letzten Jahre 2000 Pfund meist nach St. Dié verkauft sein. Der Preis desselben beläuft sich auf 80 Pf. per Pfund.

Ausser diesen landwirthschaftlichen Betrieben gibt es noch eine Reihe kleinerer, von der Natur freiwillig dargebotener Erwerbs- und Genussquellen. Die Jagd allerdings bringt dem Bauer und Weber wenig Nutzen, da sie ja, wie natürlich, nur an reichere Leute verpachtet wird. Auch die Fischerei wirft nicht viel ab, da der Reichthum an Fischen im Weilerthal kein grosser ist. Die in Weiler verspeisten Forellen beispielsweise kommen alle aus Hohwald. Anerkennenswerth ist, dass der schon mehrfach erwähnte Müller in Steige in seinem Keller eine kleine Fischzucht eingerichtet hat. Während meiner Anwesenheit im Thal hat eine Commission des Fischereivereins die kleine Anstalt besichtigt und sogleich 1000 Stück Forellen von dorther bezogen.

Bäche und Wiesen liefern einigen Leuten eine andere Erwerbsmöglichkeit durch den Fang einer Art von Bewohnern derselben, deren Fleisch im Frühjahr, namentlich zur Osterzeit — es gilt in der Fastenregel, weil von einem kaltblütigen Thiere stammend, nicht als Fleisch — sehr beliebt ist: der Frösche. Wandert man um diese Zeit des Abends auf der Landstrasse, so kann man in der ganzen Thalsohle den Schein von Kienfackeln, die unruhig umherleuchten, bemerken. Tritt man näher, so sieht man jedesmal 2–3 Leute, die, die Fackel vor sich herhaltend, langsam am Ufer des Baches entlang gehen, und so die Frösche, die in der Nähe umherhüpfen durch den Lichtschein blenden und ganz starr und unbeweglich machen. Sie werden dann einfach mit der Hand aufgesammelt, in einen Sack gesteckt und zu Hause zum Verkaufe vorbereitet.

Die Froschschenkel werden im Thale selbst und zwar mit 13–14 Sou das Dutzend verkauft. Es ist dies ein ganz erklecklicher Preis, wenn man bedenkt, dass auf dem Freitagsmarkt in Strassburg das Hundert mit 15 bis 20 Sou, manchmal mit 10 Sou, selten mit mehr wie 25 Sou (1 Mk.) bezahlt wird.

Dass auch hier wie anderwärts das Sammeln von Beeren und Pilzen eifrig betrieben wird, verdient kaum der Erwähnung. Weniger allgemein bekannt dürfte die Sitte sein, im ersten Frühjahr den auf dem Weinberg wild wachsenden Rebsalat, und in etwas späterer Zeit von den Wiesen die Blätter jener Pflanze einzusammeln, die bei uns als Maiblume bekannt ist, und die auch als Salat genossen wird. Die Rebberg- und Wiesenbesitzer dulden das Sammeln dieser Salate durch Fremde auch in ihrem Eigenthum, nur mit dem Unterschiede, dass Letztere es sogar gern sehen, wenn ihre Wiesen von diesen dem Vieh nicht zuträglichen Pflanzen gereinigt werden, die Rebbauern aber sich mit mehr oder weniger Widerwillen einer alten Sitte beugen, da das Aufsuchen des Salats die Gefahr der Beschädigung der Reben nicht ausschliesst. Arme Leute — und der Gerechtigkeitssinn des Volkes überlässt dies auch geflissentlich nur diesen — machen aus dem Einsammeln solchen Salats sogar einen Erwerb. So fand ich in Gereuth eine Familie, deren ältere Mitglieder sämmtlich sich mit diesem Einsammeln beschäftigen, und die den Salat dann in Markirch in den Häusern verkaufen. Sie erhalten für einen Korb Salat die recht hübsche Summe von 1 Mk. bis 1,20 Mk. Wahrscheinlich finden sich dort entweder diese Salatarten nicht, oder keine Leute, welche sich die Zeit zum Einsammeln nehmen.

Am Schlusse dieses Kapitels möchte ich noch einige kurze Angaben über die Pachtpreise und die landwirthschaftlichen Lohnverhältnisse machen. Was die ersteren betrifft, so kann ich bei der schon gerügten Unkenntniss der Leute über die Grösse der von ihnen bebauten Flächen, nur für die annähernde Richtigkeit der folgenden Angaben einstehen.

Es wurden mir in den verschiedenen Gemeinden folgende auf den Ar ausgerechnete Pachtpreise genannt; wobei zu bemerken, dass ich einen Unterschied zwischen denen für Wiesen und denen für Aecker sonderbarer Weise nicht angetroffen habe.

	pro Ar	
Laach	4,80	Mk.
zweimal	3	"
	2,65	"
	1,60	"
Diefenbach . .	4	"
zweimal	3	"
	2	"
Weiler . . .	4	"
St. Petersholz .	2,80	"
St. Moritz . .	2,50	"
Steige	2,40	"
	2	"

In den übrigen Gemeinden halten sich die Preise zwischen 1 und 2 Mk. Dass die Pachtpreise in Weiler so hoch sind, ist durch den Stadtcharakter dieses Orts und durch den Umstand, dass in der dortigen Gemarkung nur 20,9 Ar Kulturland auf den Kopf der Bevölkerung entfallen hinreichend erklärt. Die höheren Summen, die in Laach, Diefenbach, St. Petersholz und St. Moritz bezahlt werden, sind vielleicht dadurch zu erklären, dass dort ein grosser Theil der in Pacht gegebenen Landflächen sich in den Händen grösserer Grundbesitzer befinden. In Laach ist dies ein Gastwirth und in Diefenbach ein sehr reicher Bauer. In St. Petersholz und St. Moritz gehören viele Grundstücke einem in Thannweiler ansässigen Grafen. In der That ist dieser der Eigenthümer der in St. Petersholz verpachteten Fläche, über welche mir obige Angabe gemacht worden ist, und sind mir in Laach und Diefenbach, namentlich in letzterer Gemeinde, die gedachten Grundbesitzer sehr häufig als Eigenthümer der Pachtflächen genannt worden.

Um vieles niedriger stellt sich übrigens der Pachtzins für die von der Gemeinde durch Versteigerung vergebenen Güter, welche nur mit Hülfe der von mir eingesehenen Budgets genau zu constatiren möglich war. Der Zins hält sich hier durchgehends unter einer Mark pro Ar, und beträgt oft nur 50 bis 60 Pf. Nur zweimal fand ich höhere Preise, in Neukirch 2,88 Mk. und in St. Moritz 2,33 Mk. Hier waren es Matten, die verpachtet wurden.

Diese verhältnissmässig niedrigen Preise, namentlich der Wiesen, lassen es auch sehr zweckmässig erscheinen, wenn der kleine Viehbesitzer statt das Heu zu kaufen, dem Hang der Eigenwirthschaft folgend, das „Futter lehnt“. Der Centner Heu soll auf diese Weise etwa doppelt so billig erhalten werden, nämlich durchschnittlich für 2 fr., während es gekauft 4 fr. kostet.

Die Gelegenheit durch landwirthschaftlichen Tagelohn sein Brot zu verdienen, ist für den Weilerthaler im Allgemeinen und für den Weber insbesondere sehr gering. Der Bauer verrichtet seine Arbeiten am liebsten selbst und mit den in der Familie vorhandenen Kräften. Nur zu den schwierigen und viel Zeit in Anspruch nehmenden Arbeiten werden hin und wieder Tagelöhner genommen und gibt es in den meisten Dörfern 10 — 15, in den reichen Gemeinden Erlenbach und Breitenbach 20 — 30 Landwirthe, welche solche brauchen können.

Diese Arbeiten sind: Das Anbinden der Reben im April, wofür nur Weiber verwendet werden, das Hacken der Rebberge im Mai, d. h. das äusserst anstrengende Umwühlen des Bodens um die Rebwurzein herum, und die verschiedenen Ernteverrichtungen.

Günstigere Gelegenheit zu Tagelohn bieten die Gemeinden, welche, wie Gereuth, ein grosses Waldterrain besitzen. Ausser dem Hauen und Zurichten des Holzes, dem Versetzen junger Bäumchen, sind es auch Steinbrecherarbeiten, welche hier zuweilen verlangt werden.

Die land- und forstwirthschaftlichen Tagelöhne sind beide gleich niedrig. Der Mann bekommt ohne Kost täglich 2 Mk., mit Kost 1 Mk., die Frau mit Kost 60 Pf. Die Kost ist nur zur Zeit des Rebhackens eine reichliche, schliesst aber stets Wein ein.

So gering auch diese Löhne sind, in den Zeiten des Stillstandes der Weberei würden die Weber mit ihnen herzlich zufrieden sein. Allein dieselben verfolgt ein eigenthümliches Schicksal. Wie der Markircher Fabrikant die Weberarbeit des Weilerthalers nicht hoch schätzt, weil derselbe daneben noch Landwirthschaft treibt, so nimmt der Bauer und die Forstbehörde den Weber nicht gern als Tagelöhner, nicht sowohl weil er zu schwach dazu wäre — obwohl bei langjähriger Weberei sich auch dies Moment geltend macht — sondern weil diese Leute die Arbeit nicht ordentlich verstehen. Und gerade wie die Fabrikanten behaupten, der Weilerthaler lasse über der Feldarbeit die Weberei im Stich — und eine Firma aus diesem Grunde im Sommer die Wolle gespult liefert, damit Weib und Kind ins Feld könne, und so der Mann wenigstens dem Webstuhl bewahrt bleibt, ebenso glauben Forst- und Landwirthe, der Weber ziehe die Weberei der Arbeit im Freien vor. Fragt man die Leute selbst und hört die unbefangenen Urtheile Anderer, so sieht man, dass diese Frage, wie nicht anders zu erwarten, gar nicht allgemein zu beantworten ist, sondern einmal von den verschiedenen Individualitäten und zweitens davon abhängig ist, ob die Weberei gut geht oder nicht. Ist ersteres der Fall, dann flüchten allerdings wohl die meisten Weber nicht nur vor dem Tagelohn, sondern auch vor der Bestellung gelehnter Aecker in die dumpfe Stube, um dort einen grösseren, und, wie sie behaupten, durch leichtere Arbeit erworbenen Verdienst zu erringen, als ihnen Feld und Wald bieten kann. Das System der Verlehnung auf ein Jahr, das vielleicht durch diese Schwankungen hervorgerufen ist, ist der Möglichkeit dieses Wechsels jedenfalls sehr günstig.

KAPITEL VI.

SONSTIGE GEWERBE.

Einige Streiflichter auf das Handwerk und einige kleineren Hausindustrien geworfen, werden uns das Bild von der Lage der Hausweber daselbst nach mancher Richtung hin ergänzen. Die Ausdehnung des Handwerks gibt uns einen Begriff von den im Weilerthal herrschenden Bedürfnissen aller Art, und dies sowohl wie die kleine Hausindustrie zeigt uns Beschäftigungen, welche häufig von den Webern oder deren Familienangehörigen neben der Weberei betrieben werden.

Von dem ersten Gesichtspunkte ausgehend werden wir zuerst die Frage beantwortet wissen wollen: Wie viel Bäcker gibt es im Thal? Die im Anhang mitgetheilte Tabelle VII, welche ich auf Grund von Mittheilungen der Bürgermeister und Gemeindeboten zusammengestellt habe, gibt hierüber Aufschluss. Leider fehlt hierbei die Stadt Weiler selbst, die von den meisten Gewerben einige Vertreter besitzt.

Darnach sind Triembach und St. Martin die einzigen Ortschaften, die keinen Bäcker aufweisen, die grosse Nähe Weilers macht einen solchen hier überflüssig. Die übrigen Dörfer haben grösstentheils nur einen Bäcker, der fast überall zugleich Wirth und Krämer (Épicier), oder wenigstens eines von beiden ist. Die Gemeinden St. Moritz, Diefenbach, Neukirch, Laach und Breitenbach haben je 2, Steige dagegen 4 Bäcker. Im ganzen Thal, Weiler ausgenommen, sind 23 vorhanden.

Dieselben leiden mit am meisten von allen Gewerben durch das geringe Einkommen der Weber, und die dadurch erzeugte Nothwendigkeit, denselben längere Credite zu eröffnen, für welche sie sich kaum durch höhere Waarenpreise oder erhebliche Zinsen entschädigen können.

Ein Beweis übrigens, wie gering der Weilerthaler die Mühe des Laufens und die dabei verloren gehende Zeit achtet, ist die Thatsache, dass aus Gereuth und Diefenbach, woselbst das Brot um 1—2 Sou theurer verkauft wird als in Neukirch und St. Moritz, die Leute ihre Kinder häufig hierherschicken, damit diese in den bekannten Tragkörben oft für eine ganze Woche Vorrath an Brot einkaufen.

Nichts wohl ist bezeichnender für die Armuth des Thales, als der Umstand, dass im ganzen Thal nur in der Stadt Weiler 4 Fleischer, in den Dorfgemeinden aber sich nirgends solche niedergelassen haben, während in dem benachbarten Leberthal jeder Ort mindestens einen Fleischer aufweist. In Steige war früher auch ein Fleischer, hat aber Mangels Absatzes sein Geschäft aufgeben müssen. In sein ehemaliges Local kommt jetzt alle Samstag Nachmittag ein Fleischer aus Urbeis so dass die Steiger ihren Sonntagsbraten an Ort und Stelle kaufen können.

Krämereien (Epicerien) und Wirthschaften sind in etwas grösserer Zahl vorhanden wie die Bäckereien. Von ersteren zählt man am meisten in Steige (6), Meisengott, Gereuth, Thannweiler, Erlenbach (4), Breitenbach, Laach, St. Petersholz, Urbeis (3). Wirthschaften haben die meisten Urbeis (6), Steige (5), Laach, St. Petersholz, Breitenbach, Meisengott (4). Die übrigen Gemeinden haben in der Regel eine Epicerie und zwei Wirthschaften. Die Anzahl der ersteren im ganzen Thal beträgt 46, die der letzteren 47.

Dass ein gewisser Parallelismus zwischen der Wohlhabenheit einer Gemeinde und der Anzahl der Krämereien und Wirthschaften bestehe, lässt sich nicht behaupten; finden wir doch so arme Gemeinden wie Laach mit 3 Krämereien und 4 Wirthen, Gereuth mit 4 Krämern und 2 Wirthen und Meisengott mit 4 Krämern und 4 Wirthschaften.

Müller existiren 9 im Thal, von denen 5 zugleich Apparate zum Oelmahlen haben. Ueber ihre Thätigkeit und ihre Einnahmen ist bereits oben näher berichtet worden.

Mit dem Weinbau in engem Zusammenhang steht das Gewerbe der Böttcher (Küfer). Solche sind nur in den Gemeinden Breitenbach (5), Meisengott (3), Erlenbach, Triembach (2), Bassenberg, Grube und St. Martin (1). Ihre Arbeit ist erstens die Anfertigung von Fässern und zweitens die Umladung des Weines. Bei diesem Geschäft haben sie den Wein aus den Fässern des Weinbesitzers in die des Käufers zu füllen. Das Hinauftragen des letzteren aus dem Keller auf den Fuhrwagen wird entweder auch von ihnen, in den Gemeinden Breitenbach, Erlenbach, St. Martin, Triembach, Thannweiler von 2 Weinladern besorgt, die wegen der Gefahr der leichten Entwendung des Weins von der Gemeinde angestellt werden. Jede zwei bis drei Jahre wählt der Gemeinderath zwei ehrliche Leute zu diesem Amt. Küfer und Weinlader erhalten zusammen 2 — 3 Sou vom Ohm Wein, den sie geladen haben.

Für die Weberei ist von Wichtigkeit das Handwerk der Schreiner, denen der Bau der Webstühle obliegt. Fast jedes Dorf zählt einen oder mehrere derselben. Im ganzen Thal sind es 33. Die Schreiner haben ferner ausser den gewöhnlichen zum Handwerk gehörigen auch die Glaserarbeiten und die Anfertigung von Matrazen zu besorgen. Ein anderes für die Weberei arbeitendes Handwerk ist die Drechslerei, da ihr hauptsächlich auch die Herstellung der Spulräder und Spindeln obliegt. Gleichwohl sind nicht viele Drechsler im Thal; nur in Breitenbach und Steige finden sich je zwei, in Meisengott und Triembach je einer.

Von Vertretern der Bekleidungsgewerbe finden sich 23 Schneider, 52 Näherinnen und 26 Schuster. Von den Näherinnen haben nicht wenige eine Nähmaschine, die sie entweder in Strassburg oder von durchreisenden Vertretern von Geschäften, durchschnittlich für den Preis von 100 fr. gekauft haben. Das Schusterhandwerk geht mit am schlechtesten von allen, und dies aus zwei Gründen: einmal weil die Leute im Weilerthal sehr viel Holzschuhe tragen, und zweitens, weil sie ihren Bedarf an Lederschuhen mit Vorliebe auf dem Markt in Weiler durch Ankauf fertiger Waare befriedigen. In Folge dieser Umstände herrscht unter den Schustern allgemeine Klage über ihre Verdienstlosigkeit.

Sattler existiren nur in Weiler und Steige, die für das ganze Thal zu arbeiten haben.

Das Schmiedehandwerk ist ziemlich verbreitet. Die 21 Schmiede vertheilen sich, abgesehen von Weiler, auf 13 Gemeinden. Dieselben haben meist auch die Schlosserarbeiten zu verrichten, da hierfür im ganzen Thal, ausser in Weiler, nur 3 gewerbsmässige Vertreter vorhanden sind. Die geringe Anzahl von Wagnern — 9 in den Dorfgemeinden — kann uns bei der üblichen Bestellungsmethode der Aecker, in welcher das Fuhrwerk nur eine geringe Rolle spielt, nicht Wunder nehmen.

Die Bauhandwerke sind durch 15 Zimmerleute und 39 Maurer vertreten, die durchgehends einen recht hübschen Verdienst haben.

Schornsteinfeger finden wir nur in 8 Dörfern. Dieselben werden von der Gemeinde angestellt und erhalten für jedes Kamin, das sie 2 bis 4 mal im Jahre zu kehren haben, jedesmal 4 Sou. Die Dörfer, in denen keine Kaminfeger angestellt sind, lassen das Reinigungsgeschäft von den in den Nachbargemeinden befindlichen besorgen. Der Schornsteinfeger ist es auch, der nöthigenfalls das Geschäft des Todtengräbers — natürlich gegen besondere Bezahlung — besorgen muss.

Gleichfalls von der Gemeinde angestellt werden die Hebammen, deren es in 7 Gemeinden je eine gibt. Das ganze vordere Weilerthal ist auf die Hebamme in Triembach angewiesen.

In manchen Gemeinden tritt zu der öffentlichen Anstellung auch noch eine öffentliche Besoldung hinzu, die für das Jahr 80—120 Mk. Fixum und ausserdem ein Honorar von 4 Mk. für jede Entbindung bei unbemittelten Leuten beträgt. In manchen Gemeinden wird nur dieser wechselnde Zuschuss geliefert. Auch die Erziehung in Hebammeninstituten erfolgt zuweilen auf Gemeindekosten.

Barbiere finden wir fast in jeder Gemeinde 1—2. Für ihre Verrichtung erhalten sie meist nur einen, höchstens 2 Sou. In manchen Gemeinden, wie Erlenbach und Meisengott, ist man auch schon zum Abonnement vorgeschritten. Dort beträgt es 5, in dem ärmeren Meisengott aber 3 fr. das Jahr, für Behandlung von Bart und Kopfhaar.

Von den Gewerben, die einer ausführlichen Besprechung werth erscheinen, liegt uns das der Leineweberei am nächsten. Es sind dies nicht Hausindustrielle, sondern Handwerker, die nach Bestellung der Consumenten auf eigene Rechnung arbeiten.

In den langen Winterabenden sitzen auch jetzt noch immer in einigen Familien die Weiber und Töchter am Spinnrad und verspinnen den selbstgebauten, häufiger aber den in Schlettstadt gekauften Hanf oder Flachs. In fleissigen Familien werden 40—50 Pfd. Garn im Winter gesponnen. Im Frühjahr bekommen dann die Leineweber das Garn, um daraus grobes Bettzeug, Handtücher und dergleichen zu weben. Daneben wird auch häufig bereits gesponnenes Garn aus der Fabrik gekauft und dies zum Weben gegeben. Das Pfund desselben wird mit 18—20 Sou bezahlt, ein Preis, welcher das Kaufen des Garns rentabler erscheinen lässt, als das Selbstspinnen, selbst wenn dabei die grössere Haltbarkeit des handgesponnenen Garns in Betracht gezogen wird. Die altväterische Sitte der Arbeit am Spinnrad würde daher wohl längst aufgegeben sein, wenn sie nicht die Langeweile der Winterabende durch eine leichte Beschäftigung vertreiben hülfe und dabei durch die andauernde Bewegung die Spinnerinnen auch hübsch warm hielte. Letzteres ist uns ausdrücklich als Grund für die Beibehaltung der alten Gewohnheit angegeben worden. Soll das Tuch etwas besser werden, so kaufen sich die Leute in der Spinnerei in Rothau Reste von Baumwollgarn, die auf kleine Spulen aufgespult, Bobinen genannt werden. Das Pfund der kleinen, schlechten Reste kostet hier nur 5—6 Sou, für grössere werden dagegen 16—20 Sou verlangt. In Weiler hat sich eine Kaufmannsfrau dieses Bedürfniss der Weilerthaler zu Nutze gemacht und einen Handel mit solchen Bobinen angelegt. Allein die schon erwähnte Gleichgültigkeit gegen die Zurücklegung grosser Entfernungen bewirkt, dass die Leute nur dann, wenn sie in Rothau zu wenig eingekauft haben, das Fehlende in Weiler holen, da sie hier 90 Pfg. für das Pfund bessere Reste bezahlen. Die gekauften Bobinen werden dann meist zu vieren auf dem Spinnrade zusammen gesponnen, „gezwirnt", und zwar härter für die Kette als für den Einschuss, welche Verschiedenheit durch verschieden schnelles Drehen des Spinnrades erreicht wird. Meistens wird übrigens die Baumwolle nur für den Einschuss, für die Kette dagegen Leinengarn gebraucht. Diese besseren baumwollenen oder halbwollenen Gewebe werden gewöhnlich zu Hemden und Tischzeug verwandt.

Der Lohn des Leinewebers wird, wie natürlich, nach der Länge des gewebten Stoffes berechnet. Als Maassstab hierfür gilt nicht der Meter, sondern — höchst charakteristisch für jene uralte Gewohnheit — die alte Elle, deren Länge etwas über 55 cm beträgt. Für die Elle bekommt nun der Leineweber je nach der Güte des Stoffes 3—7, gewöhnlich 4 Sou. Da nun der Leineweber täglich nur 4—5, nur in seltenen Fällen bis 8 Ellen webt, so ist leicht einzusehen, wie gering der tägliche Verdienst eines solchen ist, besonders wenn man bedenkt, dass auch hier öfters der Einschuss gespult werden muss. Die Lebenshaltung der Leineweber ist daher keine bessere, als die des Durchschnitts unserer Hausweber.

Diejenige Hausindustrie, welche nächst der Weberei die grösste Verbreitung im Weilerthal hat, ist die Sockenstopferei. Diese Socken sind nicht, wie wir nach unserer hochdeutschen Ausdrucksweise annehmen würden, niedrige Strümpfe, sondern vielmehr eine Art wollener Pantoffeln, welche den ganzen Fuss vollständig bedecken. Sie werden namentlich im südlichen Frankreich vielfach getragen, und zwar gewöhnlich unter den dort üblichen Holzschuhen. Diese

Socken werden nun, nachdem ihre Aussenwände durch Stricken hergestellt sind „gestopft“ (bourré). Die Technik ist eine höcht einfache. Der Pantoffel wird umgestülpt, so dass die innere Seite nach Aussen kommt. Auf diese werden ringsherum in Abständen von 1/2 bis 2 cm weisse Wollfäden angestopft, und zwar so, dass man ein kleines hölzernes Stäbchen an die Sockenwand anlegt und über dieses hinweg die Wolle durch die Sockenwand hindurch mittelst einer Stopfnadel annäht. Ist eine Reihe fertig, so wird das Hölzchen herausgezogen und zum Stopfen der nächsten Reihe verwandt. Ist der ganze Pantoffel auf diese Weise gestopft, so fährt man mit einer Scheere unter die so entstandenen wollenen Röhren und schneidet sie oben in der Mitte auseinander. Der Schuh wird sodann wieder umgestülpt und ist so zu einer ausserordentlich warm haltenden Fussbekleidung geworden.

Die Fabrikherren dieser Industrie haben ihren Sitz in Barr und Wasselnheim. Von dort schicken sie, je nachdem das Geschäft geht, alle 2—3 Wochen Wagen nach dem Weilerthal, welche in den dortigen Depots die noch zu stopfenden Socken abladen, und die gestopften mitnehmen.

Die Stellung des Faktors sowohl zum Fabrikanten, wie zum Hausindustriellen ist ganz dieselbe wie die des Weberfaktors. Sie sind den Fabrikanten persönlich verantwortlich für schlechte Arbeit — die allerdings hier selten vorkommen kann — und für das mangelnde Wollengewicht. In letzterer Hinsicht klagte mir ein Faktor, dass sich die Leute oft genug einen Theil der Wolle zurückbehielten, um sich daraus Strümpfe zu stricken und dann den abgelieferten Socken durch Anfeuchten ein grösseres Gewicht zu geben suchen. Der Lohn des Faktors beträgt 10 fr. von 100 Dutzend Socken, ohne Unterschied der Grösse und Qualität. In der Auswahl der Leute zur Beschäftigung scheinen auch hier die Depotinhaber stets volle Gerechtigkeit walten zu lassen, d. h. die bedürftigen und sorgsam arbeitenden Familien stets zuerst mit Arbeit zu versehen.

Der Verdienst der durch die Sockenstopferei gewonnen wird, ist ein äusserst geringer. Das Dutzend Paar Socken wird je nach der Grösse derselben und der Dichtigkeit der aufzutragenden Wollenreihen mit 4—20 Sou, in Ausnahmefällen mit 30 Sou, durchschnittlich mit 9—12 Sou bezahlt. Eine erwachsene Person kann von solchen Socken am Tage ungefähr ein Dutzend machen, ist also nicht im Stande von der Sockenstopferei allein zu leben.

In der That finden wir auch, dass diese Industrie durchgehends nur als Nebenbeschäftigung betrieben wird, entweder von solchen, die durch den Landbau eine nicht ganz ausreichende Deckung zur Befriedigung ihrer Bedürfnisse finden, oder die sonst ein Gewerbe, vorzüglich die Hausweberei betreiben. In solchen Familien muss dann alles, was nicht anderweitig beschäftigt ist, zu den Socken greifen, um durch diese allerdings sehr mühelose Arbeit den Verdienst vermehren zu helfen. Nur der Vater und der erwachsene Sohn sind von dieser Thätigkeit entbunden, offenbar weil sie den Kräften des Mannes nicht angemessen erscheint. Dagegen sieht man nach Schluss der Schule oft die kleinsten Mädchen und Buben auf Bänken und Tischen, auf Truhen und Fensterbrettern herumhocken, um den Leib einen Strang weisse Wolle geschnürt und mit Emsigkeit die kleinen Finger um die Socken herumbewegend. Oft finden sich auch die Nachbarkinder oder erwachsene Mädchen und Frauen ein, die jungen Bursche, die gerade nichts zu thun haben, gesellen sich dazu, und die alte Spinnstube in modernem Gewande ist fertig.

Eine merkwürdige Erscheinung ist es, dass in den links des Giessens befindlichen Gemeinden, die nach alten geschichtlichen Erinnerungen die Groverbänner genannt werden, die Sockenstopferei so gut wie gar nicht betrieben wird.

Das dem Stopfen vorhergehende Stricken der Socken lassen die Fabrikanten zumeist in anderen Thälern besorgen. Im Weilerthal ist in Hohwart ein Depot, welches nur Leute aus St. Petersholz-Hohwart und Thannweiler mit Arbeit versorgt. Es wird denselben für ein Dutzend Paar Socken mittelgrosser Art 1 Mk. bezahlt. Da aber an einem Tag nur 3 Paar fertig gestellt werden, so macht das einen täglichen Verdienst von 25 Pfennigen aus.

Die Sockenindustrie leidet übrigens in jetziger Zeit ebenso wie die Weberei an einer durch die verschiedensten Verhältnisse hervorgerufenen Krisis. Insbesondere hat eine Aenderung der Rubricirung der Socken in den Positionen des französischen Zolltarifs eine solche Zollerhöhung zur Folge gehabt, dass man zweifelt, ob sich diese Industrie unter solchen Umständen wird halten können. Einen schlagenden Beweis für die schwierige Lage derselben liefert der Umstand, dass bereits zwei Fabrikanten ihr Etablissement in Wasselnheim aufgegeben und sich in Frankreich niedergelassen haben.

Ziemlich mannigfaltig sind die kleinen Industrien, denen die Wälder des Weilerthales das Rohmaterial liefern.

Hier sind zunächst die Holzschuhmacher zu erwähnen. Ihrer gewerblichen Stellung nach lassen sie sich in Handwerker und Hausindustrielle scheiden. Erstere arbeiten für den sofortigen Absatz an die Consumenten, welche sich aus dem eigenen oder den Nachbardörfern rekrutiren. Gewöhnlich schaffen sie nur auf Bestellung, und zwar gewöhnlich mit Holz, das die Leute selbst bringen. Doch kommt es auch vor, dass sie den Winter über einen Vorrath an Schuhen anhäufen.

Die Hausindustriellen dagegen verarbeiten grössere Mengen von selbst gekauftem Material und verkaufen ihre Fabrikate an Kaufleute und Commissionäre, und nur selten selbst auf dem Markt.

Merkwürdig ist es, dass diese Art von Holzschuhmachern nur in den wälschen Gemeinden des südwestlichen Winkels sitzen, während das ganze übrige Thal nur den handwerksmässigen Betrieb kennt.

Die Anzahl der Hausindustriellen beträgt ungefähr in Breitenau 5, in Laach 8, in Grube 20 und in Urbeis 15.

Zu den Holzschuhen wird vorzugsweise Buchenholz verwandt, doch werden auch solche aus Kirsch, Nuss, Esche oder Ahorn gefertigt. Nach Mittheilungen des Herrn Oberförsters in Weiler werden im Kanton durchschnittlich 300 Festmeter Buchenstammholz III. Klasse verkauft. Da dieselben grösstentheils zur Holzschuhfabrikation bestimmt, der etwaige Abgang aber durch den Zugang der oben genannten anderen Holzarten wohl gedeckt werden wird, und da ferner aus dem Festmeter Holz ca. 100 Holzschuhe gemacht werden, so lässt sich die jährliche Fabrikation auf durchschnittlich 30,000 Schuhe veranschlagen.

Die Stämme werden schon im Frühjahr gefällt und aufgekauft und müssen den Sommer über, in welcher Zeit der Feldbebauung halber weniger gearbeitet werden kann, bei den „Sabotiers“ liegen bleiben. Da nun aber die Buchenstämme, sobald ihre Schnittflächen der Sonne ausgesetzt sind, vollständig rissig werden, so müssen hiergegen Vorsichtsmassregeln ergriffen werden. Am besten ist es natürlich, wenn man sie an einem feuchten Ort, z. B. im Keller unterbringen kann. Allein da die Mehrzahl der Leute solche Räume nicht zur Verfügung haben, begnügen sie sich damit, die Stämme mit Moos, Pfriemen, Mist, Rasen oder anderem Schutzwerk zu bedecken oder die Schnittflächen mit Brettern zu vernageln.

Das Handwerkszeug des Sabotiers ist ein sehr mannigfaltiges und umfasst 15—20 Instrumente. Die Technik ist ungefähr folgende. Nachdem der Stamm zersägt und in so kleine Theile zerhauen ist, wie sie zur Anfertigung von einem Schuh nothwendig sind, wird ein solches Stück auf die Schnitzbank gelegt. Diese besteht aus einem Bock, dessen Querbalken in der Mitte einen Einschnitt hat. In diesen wird das Stück Holz gelegt, und in die Zwischenräume zu beiden Seiten desselben ein Keil aus Eichenholz hineingeschlagen, bis der Klotz ganz festgeklemmt ist. Dann geht es an die Bearbeitung desselben mittelst der verschiedensten Instrumente. Zuerst werden ganz grobe genommen und damit zunächst zwei Abtheilungen hergestellt, vorn eine kürzere und höhere, hinten eine längere und niedrigere; erstere wird später den Vordertheil des Fusses ganz bedecken, in letzterer wird der hintere Theil desselben bis zu den Knöcheln liegen. Sodann wird das Holz mittelst schalenartig gebogener Messer von verschiedener Grösse und Höhlung herausgeschält, nachdem vorher jedesmal mit einem breiten Bohrer ein Loch gebohrt worden ist, an dessen Rändern das Hohlmesser angesetzt werden kann und das diesem die Richtung der Aushöhlung angibt. Natürlich muss sich der Arbeiter in Acht nehmen, dass er nicht zu weit aushöhlt und dadurch die Wände des Schuhs zu dünn macht oder gar durchlöchert. Hobel von verschiedener Grösse dienen dann dazu dem Schuh von Aussen ein glattes und gefälliges Aussehen zu verleihen. Zum Schluss wird er mit einer Art Wichse, noir des sabots, das von den Krämern feilgehalten wird, schwarz gefärbt. Ein tüchtiger Arbeiter kann 4—5, sogar 6 Paar Schuhe am Tage fertig stellen. Die Produktionskosten derselben stellen sich ungefähr folgendermassen: Das Handwerkzeug kostet je nach Menge und Güte der Instrumente 40—65 Mk. Der Raummeter Buchenholz kommt auf 12—14 Mk., in manchen Jahren bis auf 16 Mk. zu stehen. Aus demselben lassen sich ungefähr 100 Schuhe mittlerer und 120 geringerer Grösse herstellen. Die Schuhschwärze verkauft der Krämer zu 72 Pfg. das Liter und diese Menge reicht für 100 Schuhe hin.

Der Absatz geschieht nun entweder an Holzschuhkaufleute in Steige und Kestenholz, wohin die Schuhe auf den schon oft erwähnten Rückkörben getragen werden, oder an Commissionäre, deren in Urbeis einer und in Grube 4 wohnen. Diese schaffen die Holzschuhe auf Handkarren nach Schlettstadt und ins Oberland, um sie dort in den Häusern abzusetzen. Der Commissionär in Urbeis, der übrigens selbst auch Sabotier ist, leiht sich auch manchmal zum Transport der Waare einen Wagen, für den er 10 fr. bis Schlettstadt und 20 fr. bis Rappoltsweiler zahlt. Den Holzschuhmachern zahlen sie erst den Preis, wenn sie ihrerseits denselben eingenommen haben. Er ist verschieden je nach Grösse und Qualität der Schuhe. Männerschuhe, welche die grössten und besten sind, werden mit 36—40 Mk. das Hundert (50 Paar), Weiberschuhe mit 30—36 Mk. und Kinderschuhe mit 15—20 Mk. das Hundert an die Kaufleute verkauft, die sie mit einem Profit von 1—2 Sou das Paar wieder verkaufen.

Als täglicher Verdienst des Holzschuhmachers werden 1,60 Mk. (2 fr.) angegeben. Diese Angabe stimmt auch ungefähr, wenn man auf Grund obiger Daten den Verdienst berechnet:

Einnahme.

Für 100 Schuhe durchschnittlich			30,00 Mk.

Ausgaben.

Für 100 Schuhe:	Holz	13,00 Mk.	
	Schwärze	0,72 „	
	Zinsen u. kleinere Unkosten	0,28 „	
			14,00 „
Bleibt für 100 Schuhe Reingewinn			16,00 Mk.

Nehmen wir nun an, dass der Mann in einem Tag 10 Schuhe fertig bringt, so kommen wir ungefähr auf die Summe von 1,60 Mk.

Dieser Betrag wird nun nicht das ganze Jahr über Tag für Tag eingenommen. Denn die Holzschuhe haben ihre Saison. Am meisten werden sie im Herbst verlangt, wenn der Familienvater sich seinen Bedarf für den Winter anschafft, dessen Nässe und Kälte das Tragen der Holzschuhe nothwendig macht. Wer daher so viel Zeit hat, dass er den Sommer über auf Vorrath arbeiten kann, hat in der Verkaufssaison einen grossen Vorsprung vor seinen Concurrenten, die jetzt erst nach Beendigung der Ernte zu arbeiten anfangen können.

Im Allgemeinen wird viel über den schlechten Absatz geklagt, den die Holzschuhe haben. Wie zu so vielen andern Ausgaben, so haben auch zu dieser die Leute kein Geld, und während sonst der erwachsene Mensch jährlich 3—4 Paar, die Kinder fast jeden Monat ein neues Paar tragen, sucht Jeder jetzt nach Möglichkeit diese Zahl herabzusetzen. Auch klagen die Sabotiers viel über die im Thal selbst vorhandene Concurrenz, so dass an eine Ausbreitung dieser Hausindustrie vorläufig nicht zu denken ist.

Die Lage der Holzschuhmacher ist im Wesentlichen disselbe wie die der Hausweber. Nur mit den Wohnungsverhältnissen sind sie noch schlimmer daran wie diese, da die starken Abfälle bei der Fabrikation das Zimmer ganz entsetzlich verunreinigen, und besonders dort die Wohnung ganz unwohnlich machen, wo sie, wie leider häufig genug vorkommt, nur des Sonnabends oder wenn sie als Heizmaterial verbraucht werden sollen, aus der Stube entfernt werden.

Aehnlich wie die Holzschuhfabrikation hat auch die Schindelmacherei einzig und allein in dem wälschen Südwestwinkel ihren Sitz, und zwar so ausschliesslich, dass im ganzen übrigen Thal nur ein einziger, und nur für das Dorf arbeitender Schindelmacher in Steige vorkommt. Es sind deren in Breitenau 7, in Grube 4, in Laach 2 und in Urbeis 20.

Unter Schindeln (bardeaux) wird im Elsass etwas anderes als in Norddeutschland verstanden. Während der Norddeutsche die starken Holzplatten, welche zur oberen Bedachung des Hauses dienen, mit diesem Namen belegt, sind die elsässischen Schindeln[1]) schmale, höchstens 15—20 cm breite, ganz dünne Holzplättchen, die bei Ziegeldächern an deren inneren Seite, dort wo zwei Ziegeln zusammenstossen, angebracht werden, um so das Eindringen der Nässe durch die Spalten zwischen den Ziegeln zu verhüten.

Diese Schindeln werden nur aus Tannen- oder Fichtenholz gemacht. Das Nadelstammholz IV. Klasse, welches aus Staats- und Gemeindewaldungen bezogen wird, dient vorzüglich diesem Zwecke. Es werden davon im Durchschnitt jährlich aus Staatsforsten 50 und aus Gemeindeforsten 100 Rm. verabfolgt. Von einem Raummeter werden ungefähr 18—20000 Schindeln mittlerer Grösse, eine grössere Anzahl von der kleinsten Sorte gefertigt. Die jährliche Produktion an Schindeln dürfte sich also auf nahe 3 Millionen Stück stellen.

Die Technik ist eine ungemein einfache. Sie besteht in nichts Weiterem, als in einem Zerspalten des Holzes bis zu den möglichst dünnsten Platten. Nachdem das Holz mit einer Bogensäge in rechteckige Klötze von der Länge und Breite der anzufertigenden Schindeln zertheilt ist, setzt sich der Arbeiter vor einen Bock, stemmt den kleinen Klotz zwischen diesen und seine Brust und spaltet nun den Klotz

[1]) Die Forstverwaltung scheint sie „Dachspähne" zu nennen.

in zwei Hälften, mit deren jeder er das Verfahren fortsetzt. Je nach der grösseren Länge und Breite der Schindeln unterscheidet man drei Klassen. Von denen der mittleren Art bringt ein Arbeiter je nach der geringeren oder grösseren Spaltbarkeit des Holzes 2—3000 Stück am Tage fertig.

Die Fabrikate dieser Industrie werden nun entweder in Dorf und Thal an die Consumenten selbst verkauft oder in Handkarren oder Wagen nach Schlettstadt und dem Oberland gebracht, um dort entweder in den Häusern oder auf dem Markte verkauft zu werden. Haben die Schindelmacher nicht selbst Pferd und Wagen, auch solche nicht für längere Zeit geliehen, so miethen sie sich hin und wieder für jede Fahrt ein Fuhrwerk, welches sie bis Colmar 25 fr. kostet und auf welches sie 100 000 Schindeln laden können. Neben diesem direkten Verkauf an die Consumenten treten auch Zwischenpersonen als Aufkäufer oder Commissionäre auf. Ersteres sind Kaufleute aus der Ebene, namentlich aus Kestenholz, die ihr Fuhrwerk selbst in die Dörfer schicken; letztere sind meist selbst Schindelmacher, die im Besitz von Pferd und Wagen sind. Man sieht, dass das Produkt der Schindelindustrie auf den denkbar verschiedensten Wegen zum Consumenten gelangt.

Die Produktionskosten setzen sich wie folgt zusammen: Die Säge kostet 9—11, das Schindelmesser 2 fr., macht zusammen 8,80—10,40 Mk. Der Holzbock wird zum Schindelmachen selbst hergestellt.

Der Raummeter Nadelholz muss mit 9—12 Mk. bezahlt werden. Von diesem Holz geht durchschnittlich $^1/_5$, bei schlecht spaltbarem $^1/_4$, bei besserem $^1/_6$ an Abfällen verloren, die dann als Brennmaterial dienen. Endlich muss noch etwas Stroh angeschafft werden zum Zusammenbinden der einzelnen Schindeln.

Die Verkaufspreise sind folgende:

I.	Qualität	0,60—0,64	Mk.	das	Tausend.
II.	„	0,80—1,60	„	„	„
III.	„	2,40—2,80	„	„	„

Darnach lässt sich das tägliche Einkommen eines Schindelmachers ungefähr wie folgt berechnen:

Ausgaben für 2000 Schindeln II. Qual.:

1 Rm. Holz . . .	10,50 Mk.
Stroh	0,32 „
Fuhrlohn	4,00 „
Zinsen und dergl. .	0,18 „
	15,00 Mk.

Auslagen für	100 Schindeln		0,75 Mk.
Einnahme „	100 „		0,80 „
		Reingewinn	0,05 „

Bei einer täglichen Arbeit von 2—3000 Schindeln erwirbt sich der Mann also 1 Mk. bis 1,50 Mk., eine Summe die mit den mir hierüber direkt gemachten Angaben übereinstimmt.

Weniger verbreitet als die soeben besprochene Hausindustrie ist die Hottenmacherei. Am stärksten wird sie in Breitenbach betrieben, welches 12 Rückkorbmacher zählt. Von den übrigen Gemeinden haben Meisengott, Laach und Steige je 2 und Gereuth, als einzige Vertreterin des vorderen Thales nur einen aufzuweisen. Wir haben es hier nicht, wie in den beiden vorigen Fällen mit einer exportirenden, sondern einer im Wesentlichen für den Bedarf des Thales arbeitenden Industrie zu thun. Sie liefert dem Weilerthaler ein Hausgeräth, welches wir schon als seinen steten Begleiter kennen gelernt haben.

Die Technik ist folgende: Den Boden der Hotte bildet ein dickes Stück Buchenholz in der Form eines Halbkreises. In den Rand desselben werden eine Anzahl Löcher gebohrt zur Aufnahme dreier starker Stäbe (an den Enden des Durchmessers und in der Mitte des Bogens) und einer Reihe schwächerer Stäbe zwischen diesen Grundpfeilern. Dem Boden entspricht in seiner halbkreisrunden Form ein starkes, nach vorherigem Erwärmen rund gebogenes Holz, in welches gleichfalls Oeffnungen zum Hindurchstecken der Seitenstäbe gebohrt sind. Zwischen den letzteren werden nun feine dünne Reiser hindurchgeflochten, die die Wände vollkommen dicht machen. Zu den übrigen Theilen der Hotte ausser dem Boden wird Kastanienholz verwandt.

Die Kosten für dies Fabrikat sind nicht erheblich. Das Handwerkszeug, bestehend aus einer selbstgefertigten Hobelbank, aus Säge, Bohrer und einigen Schneidinstrumenten, kostet nur 10—15 fr. Das nöthige Buchenholz kauft der Mann von Leuten, die solches für andere Zwecke, z. B. als Brennholz gesteigert haben, und bezahlt für ein zur Anfertigung eines Hottenbodens erforderliches Scheit 2 Sou. Das Kestenholz wird nur von den Abfällen genommen, die beim Zurichten der Kastanienbäume zu Rebpfählen entstehen. Der Hottenmacher erhält es entweder ganz umsonst oder bezahlt 4 Sou für die zu einer Hotte benöthigte Menge. Die gesammten Kosten belaufen sich also höchstens auf 20—30 Pfennig pro Hotte.

Der Preis nun, zu welchem dieselben verkauft werden, beträgt 0,80 — 1,20 Mk. für kleinere, 1,60 — 2,00 Mk. für grössere Hotten. Zur Anfertigung der ersteren ist ein Tag, zu der der letzteren 2—3 Tage nöthig.

Der geringere Verdienst, den darnach die Hottenmacherei abwirft, bedingt es, dass dieselbe nur als Nebenbeschäftigung betrieben wird, zumal der Absatz auch deswegen kein grosser ist, weil die Weilerthaler vielfach sich selbst ihre Hotten anfertigen.

Gleichfalls in das hintere Weilerthal müssen wir uns begeben, wenn wir eine weitere Kleinindustrie ausfindig machen wollen, die in Bassenberg 2, in Laach 5, in Grube 2 und in Breitenbach 3 Personen beschäftigt, die Besenmacherei. Dieselbe ist dadurch merkwürdig, dass sie eigentlich gar keine Produktionskosten in sich schliesst. Ein einziges Werkzeug ist nöthig, und dies besitzt ein Jeder, auch wenn er nicht Besen macht: ein Taschenmesser.

Das Material besteht in den vielbenutzten Pfriemen, die Jeder sich im Wald und auf den Bergabhängen umsonst suchen kann, und einigen Abfällen von Kesten, Eichen, Weiden oder Haselnusssträuchern, aus denen der Stiel und die die Pfriemen zusammenhaltenden Bänder gemacht werden,

Solcher Pfriemenbesen kann man 2—3 Dutzend am Tage fertig bringen. Diese werden entweder auf Hotten gepackt oder in Handkarren etwa zu 15 Dutzend geladen und nach Weiler, Schlettstadt und in die Vogesendörfer des Oberlandes geführt, wo sie nicht auf dem Markt, denn das würde das Standgeld nicht lohnen, sondern in den Häusern zu 1 Sou das Stück abgesetzt werden. Im Weilerthal selbst ist, abgesehen von der Stadt Weiler, der Absatz nicht gross, weil hier Jedermann die einfache Manipulation mit dem kostenlosen Material lieber selbst vornimmt.

Ausser diesen vier Specialgewerbebetrieben, welche die vier Hauptprodukte der Weilerthaler Wälder: das Laubholz, das Nadelholz, die Kesten und die Pfriemen ausbeuten, habe ich noch einige, mehr versteckte gewerbliche Beschäftigungen aufgespürt, von denen ich die Korbmacher erwähnen will.

Es sind deren zwei: einer in Gereuth und einer in Neukirch. Die beiden unterscheiden sich so, dass der in St. Moritz auf eigene Rechnung, der Gereuther nur auf Bestellung arbeitet. Ihm bringen die Leute ihre eigenen Weiden, und bezahlen ihm für das Flechten eines Erdäpfelkorbes 5 Sou, wenn er aus ungeschälten, 7—8 Sou, wenn er aus geschälten Weiden, die mehr Arbeit erfordern, gefertigt werden soll. An einem Tag kann der Mann 2—3 Körbe zu Stande bringen. Der St. Moritzer Korbmacher kauft seine Weiden selbst, und zwar in der Rheinebene. Hier bezahlt er die rothen, sogenannten wälschen Weiden mit 1,80 M. die Welle, d. h. eine Menge Weiden von einem Meter Länge und 35—40 Pfund Gewicht; die wilden weissen, auch Rheinweiden genannt, mit 1,60 Mk. Trotzdem er nun ausserdem eine Fuhre von 10 Mk. bezahlen muss, was bei einer vollen Ladung von 40 Wellen allerdings nur eine Wertherhöhung von 0,25 Mk. pr. Welle, bei der von ihm aber meist nur benöthigten Ladung von 15 bis 18 Wellen eine solche von 0,50—0,65 Mk. ausmacht, kommt ihm der Bezug aus der Rheinebene doch noch billiger, als wenn er bei der Forstverwaltung von den am Eingang des Weilerthates gepflanzten Weiden kauft, da diese bei der Versteigerung zu Zwecken des Rebenbindens einen erheblich höheren Preis erzielen.

Die Weiden werden nun, sollen sie zu den gewöhnlichen grauen Kartoffelkörben verwandt werden, ungeschält gelassen, sollen sie aber das Material zu den weissen Wäschkörben liefern, im Wasser erweicht und dann geschält. Von den gemeinen Körben, die meist nur aus Rheinweiden gemacht werden, bekommt er 4—5 am Tage fertig, und erhält für sie 40—50 Pfennig pr. Stück. Die weissen Körbe erfordern einen solidere und sorgfältigere Behandlung und nehmen oft, die grossen einen ganzen, die kleinen einen halben Tag Arbeit in Anspruch. Natürlich ist ihr Preis auch ein entsprechend höherer. Der Werth der Arbeit beruht vorzugsweise in dem geschickten Fechten. Viel Handwerkszeug ist nicht nöthig, es soll im Ganzen nur 5 Mk. kosten. Die Zeit des grössten Absatzes ist der Herbst, in welchem die Bauern für die Kartoffelernte eine grosse Anzahl von Körben benöthigen. Der Korbmacher glaubt, dass er in dieser Zeit wöchentlich 1000 Stück verkaufen könnte. In der That bringt er aber nur 100 zu Stande, die er oder seine Frau auf Karren im Thal herumfahren und von Haus zu Haus zum Verkauf anbieten.

KAPITEL VII.

DIE LEBENSHALTUNG.

A. DIE WOHNUNG.

Die Weilerthaler wohnen im Allgemeinen in der Art jeder echten Landbevölkerung nach dem Grundsatz: In jedem Hause eine Haushaltung. Sehen wir von der Stadt Weiler ab, so kommen nach der Volkszählung des Jahres 1880 auf je 100 Häuser des Weilerthales durchschnittlich 112 und höchstens 120 Familien. Unter dem Durchschnitt liegt die Wohnungsdichtigkeit in den Gemeinden Erlenbach, Breitenau, St. Petersholz, Neukirch, Bassenberg, Thannweiler, Grube mit 106, 107, 108, 108, 109, 110, 111 Haushaltungen auf 100 Häuser. Den Durchschnittsbetrag weisen die Gemeinden Laach und Meisengott auf. Ueberstiegen wird derselbe in den Gemeinden Triembach, Diefenbach, Gereuth, Steige, Urbeis und St. Martin mit 115, 116, 117, 118, 119, 120 Haushaltungen auf 100 Häuser.

Die Gemeinde Weiler zeigt in recht charakteristischer Weise ihre Stadtnatur durch die verhältnissmässig hohe Ziffer von 147. Hier wohnen also durchschnittlich in 2 Häusern immer 3 Familien.

Vergleichen wir nun die einzelnen Gemeinden hinsichtlich der Dichtigkeit des Wohnens unter einander, so läge es im Hinblick auf anderweitige statistische Forschungen nahe, hieran Folgerungen über den Wohlstand der Bewohner zu knüpfen. Die hieraus gewonnenen Ergebnisse würden aber durchaus nicht mit den Beobachtungen übereinstimmen, welche ortskundige Leute, sowie ich selbst an Ort und Stelle gemacht haben. Einzelne der Ziffern geben allerdings das gleiche Resultat. So gehört Erlenbach, welches die geringste Dichtigkeit zeigt (106), auch zu den reichsten Gemeinden im Thal. Diefenbach und Gereuth, die 116 und 117 zeigen, sind zu den ärmsten Gemeinden zu zählen. Anderseits aber erreicht das grundarme Laach nur 112, Breitenbach und Steige, von denen namentlich ersteres ein entschieden wohlhabendes Dorf ist, 113 beziehungsweise 117. Auch Breitenau mit 107, Thannweiler mit 110, Grube mit 111 entsprechen mit ihrem unter dem Durchschnitt stehenden, und St. Martin mit seiner das Maximum erreichenden Ziffer nicht dem thatsächlichen Wohlhabenheitsverhältnisse.

Ebenso wenig wie aus dem Verhältniss der Anzahl der Häuser zu den dieselben bewohnenden Familien dürfen wir aus dem Verhältniss der Anzahl der Häuser zu der gesammten Bevölkerung Schlüsse auf die Wohlhabenheit der Bewohner der verschiedenen Weilerthaler Gemeinden ziehen.

Im Durchschnitt kommen auf das Haus 5 Menschen, wenn wir Weiler mit einrechnen, 4,9, wenn wir es wegen seiner dem städtischen Charakter entspringenden höheren Ziffer (5,7) ausschliessen. Unter den Durchschnitt von 4,9 fallen 8 Gemeinden, nämlich Urbeis, Bassenberg, Diefenbach, Triembach, Erlenbach, Steige, Thannweiler und St. Martin mit 4,3, 4,4, 4,7, 4,8, 4,8, 4,8 Bewohner auf ein Haus. Grube, Laach und St. Petersholz zählen 4,9, Breitenau Breitenbach, Gereuth und Meisengott mehr als den Durchschnitt, nämlich 5,1, 5,2, 5,5 Bewohner auf das Haus.

Woher nun diese auffallende Erscheinung? Warum ist die Dichtigkeit des Wohnens nicht als Maassstab für die Wohlhabenheit der Bevölkerung zu gebrauchen? Auf Grund meiner Beobachtungen glaube ich mit Bestimmtheit annehmen zu können, dass dies aus der absoluten Gleichgültigkeit zu erklären ist, welche die dortige, wie vielleicht jede ländliche Bevölkerung gegen die Bequemlichkeit im Raume zeigt. Ich habe wohlhabende Bauern gefunden, die in ebenso engen, insbesondere ebenso niedrigen Zimmern hausen, wie die ärmsten Leute im Dorf. Ich habe zu wiederholten Malen die ganze Familie in einen ganz engen Raum eingepfercht gefunden, während die geräumige freundliche Nebenstube, und zwar nicht nur ihrer grösseren Heizungsbedürftigkeit halber, leer stand. Auf meine Frage, warum sie sich in ein so dunkles, enges und ungesundes Loch freiwillig einsperrten, antworteten mir das eine Mal die vier erwachsenen ledigen Geschwister, die diesen Raum bewohnten: „Parcque nous sommes élevés ici, et nous le croyons mieux comme ça.“ Das Bedürfniss nach Ellbogenraum existirt bei solchen Leuten gar nicht; von Jugend auf an dies gedrängte Zusammenleben gewöhnt, wissen sie die Vortheile grosser Räumlichkeiten nicht zu schätzen. Das Wachsthum des Wohlstandes hat daher auf die Erweiterung der Häuslichkeit wenig oder gar keinen Einfluss.

Ueber die Wohnungsdichtigkeit der Weberfamilien insbesondere habe ich statistische Aufnahmen nicht gemacht, und liegen auch solche aus früheren Zeiten nicht vor. Dagegen habe ich einen anderen wichtigeren Punkt statistisch behandelt: die Frage, ob die Weber in eigener oder in gemietheter Wohnung sich aufhalten. Die Tabellen IV u. V enthalten die diesbezügliche Zusammenstellung.

Von den 923 Weberfamilien wohnen darnach 749, d. h. 81,14 % in eigener und 163, d. h. 17,75 % in gemietheter Wohnung und 11, also 1,21 % in gepachteten Fermen.

Die Thatsache, dass über 4/5 sämmtlicher Weberfamilien Hauseigenthümer sind, ist ein interessanter Ausdruck für die schon oft berührte Vorliebe derselben zur Eigenwirthschaft. Wie der Weilerthaler seine Kartoffeln und womöglich auch sein Brot auf selbstbebautem Felde gewinnen will, so will er auch sein Wohnungsbedürfniss durch den Erwerb eines eigenen Hauses befriedigen. Dies ist denn auch das nächste Ziel eines jeden jungen Mannes, der sich eine selbstständige Haushaltung gründet. Sind nur erst ein paar hundert Mark zusammengespart, ererbt oder in französischen Zeiten durch „Verkauf ans Regiment“ als Vertreter (remplaçant) eines Dienstpflichtigen erworben, so wird sofort ein Haus zu kaufen gesucht, sollte selbst der Zins für den nicht bezahlten Theil der Kaufsumme dem früher gezahlten oder sonst üblichen Hauszins (Miethsgeld) gleich kommen. Man tröstet sich dann mit dem Bewusstsein, auf eigenem Grund und Boden zu leben. „Enfin on est chez eux" (sic!), sagte mir ein Weber in Steige, der früher 40 fr. jährlich Miethe gezahlt, später ein Haus zum Preis von 1000 fr. gekauft, zur Zeit aber, obwohl bereits Vater von 3 Kindern, erst 200 fr. abbezahlt hatte, also auch jetzt noch einen jährlichen Zins von 40 fr. zahlen musste. Im Allgemeinen stehen sich die Leute als verschuldete Hauseigenthümer doch noch besser, als wenn sie im Hauszins bleiben. Der gewöhnliche Miethzins für eine Wohnung von 2—3 Zimmern beträgt 40 bis 60 fr. das Jahr. Für Wohnungen mit einem Zimmer werden 24—30 fr. gezahlt, dagegen kommen für oben bezeichnete Räumlichkeiten auch häufig Preise bis 70 fr., ja bis 80 fr. vor. Letztere jedoch, sowie Wohnungen, für welche bis zu 100 fr. zu entrichten sind, enthalten meistens schon mehr Gelasse. Der durchschnittliche Preis kleiner Häuser beträgt dagegen nur 800 bis 1200 fr., so dass wer nur ein kleines Kapital hat, seine Verhältnisse durch Ankauf eines Hauses immerhin etwas verbessern kann. In den meisten Fällen, in welchen ich Erkundigungen einzog, belief sich die Besserung allerdings nur auf 20—30 fr. jährlich.

Die einzelnen Gemeinden unterscheiden sich hinsichtlich der Anzahl von Miethern und Hauseigenthümern nicht bedeutend. Der Procentsatz der letzteren schwankt zwischen 71,8 und 89,7. Die meisten, nämlich 11 Gemeinden, zählen auf 100 Weber 75 bis 85 Hausbesitzer. Begreiflicher Weise macht auch hier die Stadt Weiler wiederum eine Ausnahme. Hier finden wir von 100 Webern nur 57,7 als Hausbesitzer, dagegen 42,3 als Miether vor. Statt wie in den Dörfern mehr als $^4/_5$ leben also hier weniger als $^3/_5$ sämmtlicher Weber im eigenen Haus.

Der Procentsatz der Miether ist ungefähr so gross, wie der Nichtbesitzer von Grund und Boden, hier 17,53, dort 17,65 %. Auch in den einzelnen Gemeinden stehen sich die beiden Zahlen häufig ganz nahe. Gleichwohl ist die Zahl derjenigen, die weder Haus noch Grund besitzen, eine viel kleinere, indem die grosse Mehrzahl der Weber doch entweder das eine oder das andere im Vermögen hat. Solcher absoluter Nichtbesitzer gibt es nur 51, also 5,52 % aller Weber. Sehen wir uns nun die absoluten Zahlen an, so ist es nicht Weiler, welches mit seinen 11 Personen die grösste Anzahl derselben aufweist, da es von Laach (15) und Grube (12) übertroffen, von Neukirch (11) ganz und von Steige (10) beinahe erreicht wird. Fassen wir aber das Verhältniss ins Auge, in welchem die Anzahl der Nichtbesitzer zu allen Webern in einem Dorf steht, so überragt Weiler mit seinen 42,3 % die Dorfgemeinden bei weitem, da von diesen als höchster Procentsatz 18,5, als Durchschnittstatz aber nur 4,34 % erreicht wird.

Unter den als Miethern angeführten Personen befinden sich einige in Verhältnissen, die einer besonderen Erwähnung verdienen.

Zu diesen habe ich einmal auch solche Weberfamilien gerechnet, die bei ihren Eltern entweder gegen den gewöhnlichen Miethzins oder gegen Leistung gewisser Arbeiten oder auch unentgeltlich wohnen, da der für die sociale Betrachtung wesentliche Punkt, die Abhängigkeit vom Hauseigenthümer auch hier vorhanden ist.

Bemerkenswerth ist ferner das Vorkommen von Verhältnissen, die wir in der Stadt als Zimmer- und Schlafstellenmiethe bezeichnen würden.

Junge ledige Leute, meistens nur männlichen Geschlechts, die weder Eltern noch sonst ein Heim besitzen, gehen mit ihrem ererbten Webstuhl in eine Familie, woselbst sie mit deren Mitgliedern in denselben Zimmern essen und schlafen, und überhaupt ganz wie diese behandelt werden. Hierfür wird regelmässig 4 fr. oder 4,50 fr. per Monat gezahlt. Die übliche Bezeichnung dieser Person ist merkwürdiger Weise „Gesell“ und ihr Verhältniss wird durch den Ausdruck charakterisirt: „Er schafft ums Kostgeld“. Trotzdem webt er aber auf eigene Rechnung und ist in der Regel nicht verpflichtet, einen Theil des Verdienstes an den Kostgeber abzuführen. Nur ein einziges Mal ist mir dieses aufgestossen. Der „Gesell“ war hier allerdings weiblichen Geschlechts.

Aeltere ledige Personen wohnen nun auch zuweilen bei Familien in der Weise, dass Arbeits- und Schlafzimmer beiden gemeinsam sind, doch mit dem Unterschiede von der soeben besprochenen Art von Kostgängern, dass sie ihren Haushalt allein führen. Sie haben ihren eigenen Vorrath an Kartoffeln und bereiten sich selbst das Essen, allerdings auch auf dem Familienofen. Solche Personen zahlen einen geringeren Miethpreis als die gewöhnlichen Hauszinsleute.

Die besprochenen Fälle kommen jedoch nur äusserst selten vor. Gleiches gilt von dem Fall, dass zwei ganze Familien eine und dieselbe Wohnung einnehmen; den berühmten Kreidestrich findet man aber hier nicht, sondern die zwei Parteien suchen sich so gut es geht und je nach ihren Bedürfnissen und Neigungen auf die vorhandenen Räumlichkeiten zu vertheilen.

Der Eindruck, den ich von den Weberwohnungen empfangen habe, war ein unendlich verschiedener, sowohl je nach den verschiedenen Gemeinden, wie auch innerhalb desselben Ortes. Im Allgemeinen lassen sich wohl drei Stufen in dem Aussehen der Wohnungen unterscheiden, die selbstverständlich weit entfernt davon sind, streng untereinander abgegrenzt zu sein, die sich aber doch in grossen Zügen in ganz deutlicher Weise bemerkbar machen.

Nehmen wir zuerst die mittlere Stufe, die in den bei Weitem meisten Fällen anzutreffen ist.

Bei unserem Eintritt in den Hausflur, den wir stets mit den vor Betreten der Zimmer sorgsam abgelegten Holzschuhen und bei den stark ackerbautreibenden Familien mit allerhand an den Wänden hängendem Ackergeschirr ausstaffirt finden, bemerken wir in manchen Dörfern gleich am Ende desselben die Küche, die in andern zwar ebenfalls in derselben Fluchtlinie wie der Flur liegt, von diesem aber durch eine Zwischenwand getrennt ist. Als Herd dient entweder ein von den Wälschen so genannter foyer potager oder ein foyer simple. Wir Städter sind nur den ersteren zu sehen gewohnt: eine Platte mit Oeffnungen zur Aufnahme der Töpfe und darunter die Feuerstelle. Weit verbreiteter, namentlich bei ärmeren Leuten, ist aber die zweite Art. Hier wird auf einer in einem Winkel festgemauerten niedrigen Steinlage ein offenes Feuer angezündet und in dieses hinein werden die Töpfe gehängt. Diese werden vermittelst Eisenstangen an einen den Kamin querenden Balken befestigt, wobei in manchen Herden noch durch das Nebeneinanderhängen zweier Stangen, von denen die eine mit Zähnen, die andere mit einem die Töpfe tragenden Haken versehen ist, die Möglichkeit besteht, je nachdem man die zweite Stange an einen höher oder niedriger gelegenen Zahn befestigt, den Topf dem Feuer zu nähern und ihn von demselben zu entfernen.

Werfen wir noch einen kurzen Blick in den Backofen, der, wenn nicht ausserhalb des Gebäudes errichtet, meistens in einem Anbau an der Küche sich befindet, und treten dann zurückschreitend in die Wohn- und Arbeitsstube ein.

Das erste, was uns auffällt, ist der Webstuhl, der nach allen Seiten so viel Platz beansprucht, dass er nur zu oft den grösseren Theil des von den übrigen Möbeln freigelassenen Raumes einnimmt. Der letzteren sind gewöhnlich gar nicht viele. Der hohe Schrank wird hier seltener als Aufbewahrungsort von Kleidern und Wäsche angetroffen als die Kommode oder bei ärmeren Leuten das sogenannte Kensterle (buffet). Ersteres ist das bekannte mit Schüben versehene Möbel, letzteres ist ein etwas niedrigeres Behältniss, welches in Fächer eingetheilt und mit Flügelthüren, die geöffnet das ganze Innere überblicken lassen, versehen sind. Während der Preis einer Kommode aus Tannenholz 60 fr. ist, kostet ein solches Kensterle nur 12—20 fr. Um allerhand Putzzeug, Petroleum u. dergl. unterzubringen, ist hierfür, der Raumersparniss halber, in die Wand ein kleines, aus zwei Fächern bestehendes Behältniss eingemauert, das in besser situirten Familien durch den Wandschrank ersetzt wird.

Das Princip der Raumersparniss hat auch zu dem Klapptisch geführt, einem einfachen Brett, welches an der einen Seite einen an die Wand befestigten Vorsprung, an der andern Seite ein einziges Bein hat. Beide, Brett und

Bein, können zusammengeklappt und an einem Haken an der Wand angehängt werden. Mangel an Raum ist es wohl auch, der die in anderen Gegenden uns so anheimelnde Ofenbank hier vermissen lässt. Statt ihrer dienen dem Sitzbedürfniss einfache Stühle mit Holzbrettersitzen, und eine an der Wandseite des Klapptisches, oder wo für einen viereckigen Tisch Platz ist, eine an beiden Seiten des Winkels vor demselben angebrachte niedrige Bank. Niemals aber werden wir in allgemeinen Wohnzimmern das grosse Ehebatt vermissen, welches Mann und Frau, und wenn das Jüngste nicht in einer neben dem Bett stehenden Wiege untergebracht ist, auch dieses in seinem weiten Schoose aufnimmt. Diese Stellung des Ehebettes im Wohnzimmer scheint ein unbedingtes Gebot der Sitte zu sein, ebenso wie die von der Decke herabhängenden und das Bett in langen Falten umhüllenden, meistens rothfarbigen Vorhänge, die ich nur in ganz seltenen Fällen — einerseits bei ganz armen, oder ganz jung verheiratheten Leuten, anderseits bei mehreren Familien der Stadt Weiler — vermisst habe.

Als Heizinstrument ist jetzt fast allgemein ein kleiner eiserner Ofen im Gebrauch, der auch mit Vorrichtungen zum Aufstellen der Kochtöpfe versehen ist. Da aber ein besonderes Abzugsrohr für den Dunst der Speisen — wie man es in den Städten zuweilen antrifft, — weil viel zu kostspielig, nicht vorhanden ist, so lässt sich denken, dass die Luft des Zimmers, für deren Aufbesserung durch Oeffnung der Fenster der Landmann in kalten Tagen grundsätzlich nicht sorgt, oft eine höchst unangenehme und ungesunde ist.

Hin und wieder, besonders häufig in Breitenau und Grube, sieht man noch einen sonderbaren altmodischen Kachelofen. Derselbe ist 75—100 cm lang, ca. 50 cm breit, ruht auf thönernen Füssen von ca. 30 cm Höhe und erhebt sich über diese noch ca. 50—60 cm. Seine Oeffnung hat er durch die Wand nach der Küche, von wo aus er mit Feuer versorgt werden muss. Dieser Ofen gibt zwar eine grössere und namentlich gleichmässigere Wärme von sich als der eiserne, hat auch den Vortheil, dass kein Rauch ins

Zimmer dringt, und dass man daher auch alles mögliche übelriechende Zeug darin verbrennen kann, kostet aber viel mehr Feuerungsmaterial. Es ist darum ein Beweis für die schlechten Zeiten, wenn man hin und wieder neben dem alten Kachelofen einen neuangeschafften eisernen Ofen trifft. Ueber dem Ofen kann man hin und wieder ein an der Decke befestigtes Holzgestell antreffen, welches zum Trocknen der Wäsche oder auch, je nach Bedürfniss, zum Abtropfen des „Bürkäs“ benutzt wird. Propere Leute haben zu letzterem Zweck neben dem Ofen ein an die Wand gelehntes Gestell angebracht.

Der Schmuck des Zimmers besteht regelmässig in einigen Heiligenbildern an der Wand, welche, da die Bevölkerung des Thales durchweg katholisch ist, meist die Verehrungspersonen dieses Glaubens darstellt. Auch das nie fehlende Weihkesselchen, welches in der Form eines nach unten gerichteten Pantöffelchens neben der Thür hängt, belehrt uns über die Religion der Hausbewohner.

An Büchern sehen wir nur einige alte Schulbücher, Erbauungsschriften und Legenden, entweder auf dem Schrank oder auf einem Gesimse über der Thür, meist dick mit Staub bedeckt, ruhen, und ausserdem an einem in oder neben die Thür geschlagenen Nagel irgend einen Volkskalender hängen, den ich meiner Erinnerung nach in keiner einzigen Wohnung des Thales vermisst habe.

Von ungemeinem Einfluss auf den Eindruck, den wir von einer Wohnung empfangen, habe ich das Aussehen der Fenster gefunden. In den von uns augenblicklich betrachteten Wohnungen finden wir noch verhältnissmässig oft Scheiben, welche die ganze Halbseite des Fensters einnehmen, die von Gardinen umrahmt und hin und wieder mit Blumen geschmückt sind.

Doch gibt es auch hier sehr viele Zimmer, in welchen Gardinen und Blumen fehlen, und die Scheiben aus mehreren mit Bleiguss zusammengehaltenen Stücken bestehen.

Um in das Schlafzimmer, die sogenannte „Kammer“ zu gelangen, müssen wir, wenn diese sich nicht zu ebener Erde, sondern, wie häufig vorkommt, unter dem Dach befindet — zweistöckige Häuser treffen wir auf unserer mittleren Wohnungsstufe kaum an — auf einer oft wahrhaft lebensgefährlichen Treppe oder gar Leiter eine kleine Kletterprobe ablegen. Oben angelangt bemerken wir zunächst — die ungemachten Betten. Die Frau, die uns herauf begleitet hat, entschuldigt sich zwar regelmässig mit ihrem Mangel an Zeit, allein das beweist nur, dass die Leute ihr Unrecht zwar fühlen, es zu lassen aber keinen Trieb haben. Die Ordnung ist bei diesen Leuten eben nur für das Auge Anderer da, wo dies für gewöhnlich nicht hindringt, ist jene eine überflüssige Unbequemlickkeit. Denn das Schlafzimmer dient gewöhnlich auch als Aufbewahrungsstätte für die Kleider und als Vorrathskammer. Da sieht man denn den Sonntagsstaat und die geräucherten Schinken in friedlichem Verkehr zusammenhängen, oder aber eines von beiden — in jenen langgestreckten Kasten liegen, die unter dem Namen Truhen wohlbekannt sind.

Zu ebener Erde, gegenüber dem Wohnzimmer, auf der linken Seite befinden sich gewöhnlich die Wirthschaftsräume, Scheuer und Ställe, denen in weitaus den meisten Fällen ein grösserer Raum zugewiesen ist als den Wohnräumen. In Bassenberg ist es mir aufgefallen, dass dort häufig der ganze zu ebener Erde liegende Theil des Gebäudes von diesen Wirthschaftsräumlichkeiten eingenommen ist, während das Arbeitszimmer in einem ersten Stock sich befindet.

Die Wohnungen dieses Orts bilden aber bereits den Uebergang zu denen der besten Stufe, die am häufigsten vertreten sind in Steige, Neukirch, hin und wieder in Weiler und sonst verstreut in anderen Ortschaften. Höchst merkwürdig ist es, dass es sowohl in Neukirch wie in Steige ganz fest begrenzte Viertel sind, in denen die Wohnungen durchaus nicht diesen besseren Charakter zeigen, sondern nur auf der mittleren Stufe, manchmal sogar noch darunter stehen. Es sind dies in Neukirch die im höheren Theil des Dorfes gelegenen Viertel Ratzeneck und das Oberdorf, in Steige die von dem vorderen Theil des Dorfes durch einen Zwischenraum von circa einem halben Kilometer getrennten Quartier Gass und Haut Steige, von denen letzteres gleichfalls die Bergabhänge hinaufklimmt. Versuchen wir nun die hervortretendsten Eigenthümlichkeiten dieser besseren Wohnungen kennen zu lernen. Gleich, wenn wir in die Wohnstube eintreten wollen, sind wir überrascht, statt des gewöhnlichen „Drückers“ am Thürschloss eine einfache, gerade für den Daumen Platz genug bietende Platte, eine städtische Thürklinke zu finden. Der Bote, der uns begleitet, legt seine Holzschuhe ab, denn wir treten in ein reinlich gehaltenes Zimmer. Hier ist das tannene Holz der Möbel den besseren Sorten, dem Kirsch, dem Nussbaum, der Eiche und dem Ahorn gewichen. Statt eines eckigen, kahlen, unfreundlich aussehenden schaut uns ein polirter, mit einem Wachstuch oder einer reinlichen Decke geschmückter Tisch entgegen, dessen runde Form uns zeigt, dass die Bewohner bei ihren Möbeln nicht nur auf das Nothwendige ihr Augenmerk richten. Auf dem Tisch oder über ihn herabhängend sehen wir manchmal eine bessere, gediegene Lampe, die einen entschieden stattlicheren Eindruck macht, als das einfache Blechgefäss, das sonst an einem Haken an der Wand hängend die Erleuchtung der Stube nur in unzureichendem Grad besorgt. Um den Tisch herum und an den Wänden stehen Stühle mit rohrgeflochtenen Sitzen, ein behäbiger, gepolsterter Grossvaterstuhl ladet die müden Alten zur bequemen Ruhe ein.

Schrank und Commode zeigen eine gewisse Gediegenheit und ein altehrwürdiges Aussehen, welches durch die Metallbeschläge an den Schlössern der letzteren noch mehr hervortritt.

Auch das Ehebett erscheint in stattlicherem Gewande. Die Vorhänge, deren oberer Theil besonders in Steige häufig rund, in andern Dörfern quadratisch ist, tragen oftmals noch einen faltigen Ueberwurf oder sind mit Spitzen behängt. Im Bett selbst liegt statt der gewöhnlichen Seegras-Matraze eine wollene.

Die Wände des Zimmers sind entweder gut weiss gehalten oder aber in besser situirten Familien bis zum Drittel oder der Hälfte der Höhe mit einer Holzbekleidung versehen; ja manchmal treffen wir sogar tapezirte Wände an. Von den Fenstern lachen uns regelmässig eine Reihe hübscher Blumen und weissgewaschene Gardinen, oft sogar von gemustertem Zeug, entgegen.

Mancherlei Schmuck- und sonstige nicht allein die nothwendigsten Lebensbedürfnisse befriedigenden Gegenstände treffen wir als Zeichen einer fortgeschritteneren Kultur und einer behaglicheren Lebensgestaltung an. Der eintönige Ticktack der Uhr mischt sich hier mit dem Schmettern eines übermüthigen Kanarienvogels, und die Ziehharmonika auf der Commode, wie sie namentlich oft in Steige anzutreffen ist, deutet uns an, dass auch geordnetere Tonwellen hin und wieder das Zimmer durchklingen. Und siehe da! Zwei Dinge, die wir hier in der ländlichen Thaleinsamkeit kaum zu finden erwartet hätten! Ein Wandspiegel und ein Nachttisch. Letzterer steht an jedem Bett in den besseren Quartieren von Steige, und wenn er auch begreiflicher Weise nicht die uns gewohnten Toilettengegenstände trägt, so macht er doch, geziert mit niedlicher Decke, stets einen recht freundlichen Eindruck.

Ueberall sehen wir hier das Bestreben, in seinen vier Pfählen nicht nur zu hausen, sondern sich dieselben auch zu einem angenehmen Heim zu gestalten. So werden wir fast regelmässig die Commode nicht mit allem möglichen Haushaltungskram bedeckt, sondern mit Vasen, Figuren, künstlichen Blumen, Nippsachen und dergleichen geschmückt finden.

Fast in rührender Weise ist dies Bestreben in Steige ausgebildet. Hier wirkt als Lehrerin eine Schwester, die die Mädchen nicht nur ganz reizende Handarbeiten zu lehren versteht, sondern ihnen auch Lust und Liebe zu solchen Arbeiten und Freude an ihren Resultaten einzuflössen versteht. Da werden denn allerhand Sterne, Blumen, Herzen und sonstige Figuren aus bunten Papierstreifen angefertigt, und diese oft in recht geschmackvoller Weise an den Wänden zwischen die Christus- und Heiligenbilder aufgehängt.

Ueber die sonstigen Gelasse ist wenig zu sagen, höchstens zu bemerken, dass hier auch die Kammerfenster hin und wieder des Tragens von Gardinen gewürdigt werden. Das ungemachte Bett in der Kammer verschwindet auch in diesen Wohnungen nur sehr selten. Auffallend ist, dass nicht nur in der Stadt Weiler, sondern auch in Neukirch und Steige die Häuser oft zwei Etagen haben, und dass diese durch recht gute und solide Treppen miteinander verbunden sind.

Nun aber hinab in die untersten Tiefen! Man folge mir in die Wohnungshöhlen von Gereuth und Laach, in Grube und Thannweiler, in Diefenbach und Meisengott. Zwar werden wir in diesen Dörfern nicht durchgängig solche verkommenen Stätten des menschlichen Elends antreffen; ja man kann sogar behaupten, dass sie nur in absolut und relativ geringer Anzahl vorhanden sind; aber dies wenige ist übrig genug!

Quantitativ am stärksten ist das Wohnungselend in Charbes, der Annexe von Laach, qualitativ dagegen in Gereuth und in jenen vereinzelten Häusern, welche sich an den Bergabhängen links vom Giessen oberhalb der Dörfer der Groverbänner finden. Es könnte merkwürdig erscheinen, dass das Elend sich hier in ganz ausgesprochener Weise in die höher gelegenen Gegenden flüchtet, wenn wir nicht für diese Erscheinung zum Theil eine durchaus genügende historische Erklärung hätten. Alle jene Gemeinden haben nämlich in der Höhe ihrer Gemarkung die von ihnen sogenannte Gemein oder Almend liegen, Weidestrecke, die mit dem juristisch-ökonomischen Charakter jenes altgermanischen Instituts nur das Moment der Zugehörigkeit zum Gemeindevermögen, nicht aber das der unentgeltlichen Benutzung seitens der Eingesessenen gemeinsam haben. Eine Erinnerung an jenes zweite Moment lag aber darin, dass vor 10—20 Jahren Theile dieser Allmend den ärmsten Mitgliedern der Gemeinde zum Bau einer Hütte und zur Anlegung eines Gartens unentgeltlich überlassen wurden. Da zog denn die Armuth des Dorfes aus diesem hinaus in die Höhe, und baute sich dortselbst Aufenthaltsorte, die den Namen von Wohnungen kaum verdienen.

Es erscheint ganz interessant zu erfahren, wie solch ein

Bau auf der Gemein zu Stande kommt. Die Gemeinde liefert dem Bedachten nicht nur den Grund und Boden, sondern lässt auch etwas Holz für ihn schlagen, und erlaubt ihm, sich aus den Gemeindewaldungen die zu seinem Bau nöthigen Steine zu holen. Dann erbarmen sich einige Bürger seiner und schenken ihm etliches Holz aus ihren Privatwaldungen, der Schmied gibt ihm die Nägel und der Bäcker liefert ihm während der Bauzeit, in welcher der Mann ja nichts verdienen kann, das zu seinem Lebensunterhalte nöthige Brod auf Credit. Baare Auslagen fordern zunächst die Ziegeln und Dachschindeln. Letztere kauft er in der Gemeinde oder einem Nachbarorte, vielleicht zu 3 fr. das Tausend, was bei einem Verbrauch von 4—5000 Stück 12 bis 15 fr. ausmacht. Die Ziegeln werden aus der Ziegelei von St. Martin herbeigeschafft. Für 2—3000 Stück muss er hier, da das Hundert 5 fr. gilt, 100 bis 150 fr. geben. Aus derselben Ziegelei wird noch für 20 fr. Kalk, wovon der Centner 2 fr. kostet, bezogen und beide Materialien werden in zwei Fuhren, zum Preise von zusammen 12,50 fr., an Ort und Stelle geschafft. Diese 10 Centner Kalk sollen nur zum Weissen der inneren Wände, nicht aber zur Bereitung von Mörtel dienen. Als solcher wird vielmehr die dortige sogenannte „rothe Erde“, ein anscheinend eisenoxydhaltiger Lehmboden, den man mit Sand versetzt, verwandt.

Die Maurerarbeiten werden zum Theil selbst verrichtet — höchstens nimmt man einige wenige Tage einen oder zwei Maurer, denen man pro Mann und Tag 3 Mk. bezahlt — oder aber man gibt die ganze Hausarbeit in Accord, wofür zwei Maurer 80—100 fr. verlangen.

Auf diese Weise hilft sich der Arme durch; wie allerdings das Resultat solcher Nothbaue beschaffen ist, werden wir sogleich Gelegenheit haben zu erfahren.

Eine allgemeine Charakteristik dieser Wohnungen dritter Klasse zu geben, halte ich bei den mannichfach hervortretenden Eigenthümlichkeiten der verschiedenen Exemplare dieser Gattung, nicht für zweckmässig. Ich hoffe durch die Beschreibung einzelner derselben dem Leser ein anschaulicheres

Bild von dem Aussehen derselben im Allgemeinen liefern zu können.

Fangen wir in Gereuth an.

Da steht ganz oben eine Baracke, ganz aus Holz und ohne jegliche Grundlage gebaut, nur an der inneren Seite mit etwas rother Erde beworfen. Ein Haufen Steine an der Windseite aufgethürmt soll ein plötzliches Hinwegfegen der ganzen Gebäulichkeit verhüten. Es umfasst nur ein einziges Zimmer, von welchem ungefähr der dritte Theil ungedielt ist. In der Mitte ist ein Loch in den Erdboden gegraben, um als Vorrathskammer für die Kartoffeln zu dienen. Für gewöhnlich ist es mit einigen Brettern lose bedeckt; sollen Kartoffeln geholt werden, so werden diese hinweggenommen und ein Kind springt in die Höhlung hinab. Die eine Wand wird von zwei Betten eingenommen, deren jedes nur 105 cm lang und 96 cm breit, aber doch zur Aufnahme von 4 Personen bestimmt ist. Jede derselben verfügt also über einen Raum von 2520 Quadratcentimeter, als ungefähr nur über $^1/_4$ Quadratmeter. Sonst sehen wir in dem ganzen Raum nichts, als den Webstuhl, einige Wirthschaftsgefässe und allerlei altes Gerümpel, das überall verstreut herumliegt. Tisch und Bank aber suchen wir vergeblich. Die Mahlzeit wird auf einem in einem Winkel liegenden Balken eingenommen. In früheren Zeiten hat diese Behausung auch als Aufenthal für Kuh und Ziege gedient.

Eine ähnliche Baracke auf der „Gemein" beherbergt eine Mutter mit zwei erwachsenen Söhnen. Hier ist der ganze Boden der engen Stube ungedielt. Die Söhne schlafen im Speicher auf lose hingeworfenem Stroh, bedeckt mit einigen alten zerlumpten Tüchern.

Die Höhe verlassend treten wir im unteren Dorfe bei Leuten ein, die für 50 fr. jährlich ein Zimmer gelehnt haben, das 4.60 m lang, 3,85 m breit, an der einen Seite 2,04 m hoch ist, sich aber allmählich bis auf 1,43 m abdacht. Hier hausen acht Personen. Unter der Abdachung steht ein Bett für die Eltern und ein Kind, und unter diesem Bett befindet sich des Tags über eine sogenannte Ritschbettlade, ein hölzerner, etwa 10 cm hoher, oben offener Kasten, der des

Nachts hervorgezogen wird, um dann die kleinsten der Kinder zu beherbergen. Drei derselben, im Alter von 12, 10 und 8 Jahren schlafen auf einem 150 cm langen und 85 cm breiten Strohsack, dem der blanke Boden als Unterlage dient. Das Stroh desselben ist nach dem Geständniss der Frau schon ein Jahr alt; wer weiss, wie viel Zeit sie weggelogen hat! Jeden Morgen wird er hinausgetragen, damit er wieder etwas Feuchtigkeit verliert, und nebenbei auch ein wenig von den Flöhen befreit werden kann.

In Charbes sind die Wohnungsverhältnisse ganz besonders durch die Lage des Dorfes beeinflusst. Dort nämlich ist, wenigstens in seinem hinteren Theile, das Thal so schmal, dass in seiner Sohle nur der Bach zu fliessen Raum hat, während der Weg an dem Abhang selbst entlang führt. Da dieser nun sehr steil ist, so mussten die Häuser alle mit der einen Wand direct an das Erdreich angelehnt werden. Dass diese Wand daher sehr feucht sein muss, kann sich Jedermann leicht denken. Allein man muss selbst dort gewesen sein, selbst gesehen und gefühlt haben, um sich eine Vorstellung von dem Grade dieser Nässe machen zu können. Ich habe Häuser gefunden, in denen das Wasser in grossen Tropfen die Wand hinablief, sich am Boden sammelte, und dort, wo natürlich die Dielen schon längst abgefault waren, allmählich in den Erdboden einsickerte. Regnet es nun gar, so haben die Leute oft eine förmliche Ueberschwemmung durchzumachen, so dass es in der That unbegreiflich bleibt, wie die Leute in solchen Höhlen es noch länger aushalten können. Unvernünftiger, manchmal allerdings des Mangels an Raum halber auch gezwungener Weise, wird nun das Bett an jene Gebirgswand gestellt, entweder, weil es anders kaum möglich ist, zwei bis drei Fuss davon entfernt, oder sogar ganz nahe daran, so dass das Bettzeug förmlich trieft von Feuchtigkeit.

Wohnungen die besonders Bemerkenswerthes enthielten, habe ich nicht viel angetroffen; das Elend ist hier allgemein so gross, dass es von Einzelnen kaum weit übertroffen werden könnte. Als allgemeines Charakteristikum von Charbes sei nur noch angeführt, dass hier überall der grösste

Schmutz, und — namentlich in den Kammern — die tollste Unordnung herrscht: Die Bewohner dieser Ortschaft sind diejenigen, die am wenigsten von allen Weilerthalern etwas auf sich halten.

Das merkwürdigste von Wohnung, was mir vorgekommen, war eine Baulichkeit auf der Gemeine in Grube, errichtet und bewohnt von einem höchst originellen Kauz, den man kennen lernen muss, um seine Wohnung verstehen zu können.

Er stammt aus der Bretagne. Die siebziger Jahre haben ihn, wer weiss durch welchen Zufall, ins Weilerthal geschleudert. Da zog er denn mit Weib und Kind als Kesselflicker umher, nächtigte in Scheuern und bei mitleidigen Leuten, half dort etwas basteln und da etwas flicken, kurz war eine Art Thalfaktotum. Bei der Austheilung von Gemeindegrund zum Hausbau erhielt er in Grube hoch oben in der Nähe des Waldes auch ein Stückchen „Gemein“. Da fängt er nun an zu bauen; er will es recht stattlich machen sein Hüttchen, und errichtet steinerne Mauern. Aber nur zur Hälfte bekommt er sie fertig, da geht ihm das Geld aus, vielleicht auch wird ihm der Gedanke leid, ewig im steinernen Haus festgebannt zu sein. und er beginnt sein Vagabundenleben aufs neue. Aber auch dessen wird er endlich überdrüssig, und er kehrt zu seinen vier Mauern zurück. Und was thut er nun? Innerhalb dieser Mauern, in einem Abstand von je 1½ Meter führt er eine Holzbude, im Innern mit rother Erde beschmiert, auf. Die Mauern rings herum bleiben stehen, sie sollen Wind und Kälte abhalten, der Zwischenraum aber dient bei gutem Wetter als Werkstatt. Dort nämlich werden zerbrochene oder unansehnlich gewordene Zinnsachen aufgezinnt. In einem Loch in der Erde macht er Feuer, und bläst dies mit einem alten Blasebalg auf ein daneben liegendes Blech, in welchem sich die Schmelzobjekte befinden.

Doch treten wir aus diesem modernen Vestibül in das Innere ein. Da finden wir denn ein ungedieltes Zimmer von 5 m Länge und 2,70 m Breite. Nach hinten zu dacht es sich bis zu einer Höhe von 1,30 m ab, und nur in einer

Breite von 1,20 m erfreuen sich die Bewohner dieser Hütte eines 1,80 m grossen Spielraums nach oben.

Einen Bodenraum aufzuführen war dem genialen Baumeister viel zu umständlich; so ist denn das Dach der Hütte auch das des Zimmers, und nur ganz vorn an der Thür ist durch eine doppelte Decke eine kleine Lücke für die Regenschirme geschaffen, welche die Frau, auf den Dörfern umherziehend, ihrem Mann zum Flicken geholt hat.

Ueber ein Drittel dieses engen Raumes hat bis vor kurzem ein 2,10 m langer und fast die ganze Breite und Höhe des Zimmers ausfüllender Webstuhl eingenommen, denn unser Bretagner hat natürlich auch einmal die Weberei angefangen. Jetzt allerdings ist er des schlechten Verdienstes halber abgeschlagen, aber beengt ist der Raum immer noch genug. Unter der Abdachung befindet sich nämlich eine Truhe, ein Kastrole, ein Küchenschrank und schliesslich — man höre und staune — ein Ziegenstall. Mit Reisig und Laub, das aus dem nahen Wald zusammengescharrt ist, hat man dem lieben Vieh eine Lagerstätte bereitet; ob es wohl ihm allein als Wohnplatz dienen mag?

An diesen Stall im rechten Winkel unmittelbar anstossend steht nun das Bett, welches bei einer Länge von 1,70 m und einer Breite von 1,10 m bis vor kurzem fünf Personen und, seitdem die älteste Tochter in den Dienst gegangen ist, immer noch 4 Personen als Ruhestätte dient.

Und trotz all dieses Elends keine Unzufriedenheit und Verbissenheit! Vater und Kinder, von denen eines noch dazu eine verkrüppelte Hand hat, ganz froh und wohlgemuth. Eine seltsame Familie.

Mehr geklagt wurde in einem andern auf der Gemein gebauten Hause. Es ist eine Familie von 6 Personen; sie sind gerade bei der Mittagsmahlzeit. Und wie nehmen sie diese ein? Das Essen steht auf einer ganz niedrigen Bank; rings um diese Bank herum hocken die Kinder, während die Eltern auf derselben sitzen, und sich daher bei jedem Löffel Suppe tief hinabbeugen müssen. Also nicht einmal einen Tisch, denke ich! Doch da sehe ich mich genauer um, und richtig an der Wand lehnt der bekannte Klapptisch; allein was nützt dieser, wenn ausser einem Schemel und jener niedrigen Bank kein Sitzplatz mehr vorhanden ist. Doch das ist nicht das Schlimmste, ganz schrecklich ist die Schlafstätte der Kinder. Sie befindet sich im Hausflur. Gegen die durch die Hausthür einziehende Luft versucht ein alter, abgetakelter Schrank, und da dieser nicht bis an die Decke reicht, ein Haufen darauf gelegter Pfriemen die drei Würmer vergeblich zu schützen. Diese schlafen dahinter auf einer Lage Pfriemen, welche direct auf dem Fussboden liegen und nur durch ein an den Schrank genageltes Seitenbrett vor dem Auseinanderfallen bewahrt werden. Ueber die Pfriemen sind ein paar zerfetzte Lumpen geworfen, und auf diesen ruhten die Kinder früher unbedeckt und in denselben Kleidern, die sie des Tags getragen hatten. Erst als der Frauenverein sich ihrer erbarmte, konnten sie sich durch eine von diesem geschenkte wollene Decke nothdürftig gegen die eindringende Kälte schützen.

Wenden wir uns von Grube zu dem nächst gelegenen Breitenau. Dort finden wir zwei zur Gemarkung Neukirch formell gehörige, in Wirklichkeit aber von dem Ort Breitenau nur durch ein Bächlein getrennte Häuser, die wir zum Schluss unserer Wanderung betreten wollen.

Eine Arbeitsstube mit zwei Webstühlen nimmt uns auf. Ausser diesen sehen wir nichts als einen rauchenden Ofen und eine niedrige Truhe, welche zugleich als Esstisch dient; ein zerbrochener, von Holzwürmern zerfressener Tisch lehnt in der Ecke. Von den Wänden fällt der Putz herunter, der Fussboden starrt von Schmutz. Schlimmer noch ist es mit dem Schlafzimmer bestellt. In zwei Betten, zur Aufnahme von je drei Personen bestimmt, liegen ganz zerrissene Strohsäcke mit zerfetzten Lumpen bedeckt. Stroh und Lumpen fahren im Zimmer herum. Der ganze Fussboden droht einzustürzen und ist nur nothdürftig durch einen Pfosten gestützt. Der Mann zeigte mir eine einzige Stelle, wo ich bei meiner Besichtigung hintreten durfte, ohne Gefahr zu laufen, in den Keller durchzubrechen. Ganz ähnlich sieht es in einer zweiten Kammer aus, die noch ein Bett für zwei Personen enthält; nur ist der Fussboden noch wackeliger, als in dem ersten Schlafzimmer.

Sollte man glauben, dass dieses Elend noch übertroffen werden kann? So ist es in der That. Es ist eine so grauenvolle Wohnung, dass der Miether sie ein Jahr lang umsonst erhielt, nachdem die Gemeinde die gänzlich schadhaften Fenster hatte flicken lassen, und dies als ausreichender Ersatz des Miethgeldes anerkannt worden war. In beiden Stuben, Arbeitszimmer und Schlafkammer, fällt hier theilweise das ganze Mauerwerk von den Wänden herab, dergestalt, dass in dieser grosse Risse klaffen. Folge ist, dass weder die Thür, die in den Hausflur, noch die, welche in die Kammer führt, mehr zu schliessen ist, weil die Angeln keinen festen Punkt mehr finden können. Die Dielen sind halb und halb verfault, an einigen Stellen aber wieder ausgebessert, so dass der Fussboden fast ein hügeliges Niveau hat. In dem ganzen Zimmer, das eine Höhe von 1,90 m hat, erblickt man ausser dem Webstuhl fast nichts mehr. Und nun die Kammer; ein trostloser Anblick ist es, den sie darbietet. Da ist etwa die Hälfte der die Kammer vom Speicher trennenden Decke heruntergestürzt, und die Lücke mit Pfriemen ausgestopft. Zwei der Balken, die das ehemalige Stück Decke trugen, sind der eine zur Hälfte, der andere zum Drittel seiner Länge abgefault. Letzterer hängt noch ungestört da, ersteren hat man durch einen Pfosten zu stützen versucht. Da nun aber auch der Fussboden ganz gebrechlich ist, musste der Pfosten in den Keller geführt werden. Das Loch, das zu diesem Zweck in den Fussboden gemacht werden musste, gähnt noch ungedeckt hinauf. Auf meine Frage, warum dem so sei, hiess es: der Keller ist so feucht, darum müssen wir öfters nachsehen, ob der Pfosten nicht auch abfault. Warum sie dazu nicht den Eingang durch die Kellerthür wählten? Ja, die ist den ganzen Winter über verstopft, damit die Kälte nicht hereindringen kann. Letzteres erwies sich allerdings als richtig; der wahre Grund aber für das Offenbleiben des Loches lag wohl nicht in jener angeblichen Nothwendigkeit der fortdauernden Beobachtung des Pfostens, sondern einfach in der grenzenlosen Indolenz der Bewohner.

In dieser Höhle von Schlafkammer, die an einer Seite 1,80 m hoch und an der anderen noch niedriger ist, schlafen sechs Personen in zwei Betten. Als Unterlage dient lose eingestreutes Stroh und Waldlaub, beides halb verfault.

Wäre nicht auch diese Familie vom Frauenverein mit zwei Decken beschenkt worden, so müssten auch ihnen die Lumpen, die sie des Tags über auf dem Leibe tragen, des Nachts als Bettdecke dienen.

Gar manche von den Eigenthümlichkeiten, die wir hier in den einzeln beschriebenen Wohnungen angetroffen haben, finden sich in vielen Häusern, die mit jenen auf annähernd gleicher Stufe stehen, wieder. So die Ritschbettlade, der Strohsack mit altem vermorschtem Stroh, mit Waldstreu oder Pfriemen oder gar ein blosses Strohlager mit zerrissenen Lumpen darauf, das Kartoffelloch, Wände, von denen der Putz herabgefallen ist, vollständiger Mangel an den nothwendigsten Möbeln, ungedielte Fussböden und halbverfaulte oder ungleich ausgeflickte Dielen, Baufälligkeit einzelner Theile des Hauses — auch manche unbewohnte Häuser habe ich angetroffen, die, weil Einsturz drohend, von den Bewohnern auf Anordnung der Polizei verlassen werden mussten — und vor allem die ausserordentliche Enge der Wohnräumlichkeiten.

Dieser letztere Punkt lohnt einer ausführlichen Betrachtung.

Zunächst ist es die geringe Höhe der Zimmer, die dem an städtische Verhältnisse gewöhnten Menschen auffällt. Dieselbe beträgt nach den Messungen, die ich vielfach vorgenommen habe, durchschnittlich 2 Meter und erhebt und senkt sich in den verschiedenen Wohnungen ungefähr um 20 cm. Allein es kommen auch Zimmer von nur 1,60 m Höhe vor! Noch niedriger sind die Kammern. Hier ist es oft einem Menschen von kleiner Figur unmöglich aufrecht zu stehen, geschweige denn gerade zu gehen, da gar häufig die circa 20 cm dicken Dachbalken die Höhe der Kammer, welche manchmal nur 1,40 und 1,45 m und gewöhnlich nur 1,80 m beträgt, an einzelnen Stellen noch geringer machen. Während wir diese Niedrigkeit der Zimmer auch in den Wohnungen der besseren Stufen vielfach finden, ist die geringe Ausdehnung der andern beiden Dimensionen eine besondere Eigenthümlichkeit der letzten Stufe. Hier mögen wieder einige Beispiele zur Illustration dienen.

In Gereuth fand ich eine Kammer von 1,95 m Höhe, 2,50 m Breite und 3,20 m Länge, also mit einem Kubikinhalt von 15,60 Rm. Dieselbe beherbergt des Nachts sechs Personen in drei Betten; dies macht für die Person einen Raum von ca. 2,60 Rm und 20 Rm fordern die — allerdings vielleicht etwas übertriebenen — Vorschriften der Hygiene.

In der Ratzeneck in Neukirch wohnen zwei Brüder und des einen Sohn in einem einzigen Zimmer, welches den Webstuhl, einen Ofen, eine Bank und das 1,11 m breite Bett für die drei Personen enthält. Die Dimensionen des Gelasses betragen 4,83 m in der Länge, 2,25 in der Breite und 1,90 in der Höhe. Der Flächeninhalt ist also 10,87 qm, der Kubikinhalt 20,36 Rm. Hiervon entfallen auf die Möbel sicher wohl $^{2}/_{3}$ an Platz, $^{1}/_{3}$ an Luftinhalt. Zu ihrer Bewegung hat also jede Person etwas mehr wie einen Quadratmeter, zur Athmung etwas mehr wie $2^{2}/_{3}$ Raummeter zur Verfügung.

In Thannweiler fand ich eine Familie von 12 Personen für die Nachtzeit in folgender Weise vertheilt: drei Kinder auf dem Speicher in einem Bett. In der Schlafkammer zwei Betten für je drei und vier Personen, und in einem von dieser nur lose getrennten Einbau das Bett für die Eltern, welches gerade darinnen noch Platz fand. Die Schlafkammer 2,80 m lang, 1,50 m breit und 2,20 m hoch. Das macht einen Flächeninhalt von 4,29 qm und einen Kubikinhalt von 9,24 Rm aus. Jede Person hat also — den von den Betten beanspruchten Raum nicht abgerechnet – einen Luftraum von 1,32 Rm.

Ja selbst in dem reichen Erlenbach begegnet uns gelegentlich ähnliches Elend.

Eine Familie von 5 Personen bewohnt daselbst gegen einen jährlichen Miethzins von 40 fr. ein einziges Zimmer, welches eine Länge von 4,50 m, eine Breite von 2,30 m und eine Höhe von 1,90 m hat. Zwei Betten sind darinnen für die Eltern und zwei Knaben, ferner eine Truhe, auf welcher des Nachts der kleineren Tochter ein Lager bereitet wird, ferner ein Tisch mit einem Schemel darunter und der Webstuhl, der 2 m in der Länge, 1,60 m und dort wo die Lade hervorsteht 1,90 m in der Breite und 1,90 m — also ebensoviel wie das Zimmer selbst — in der Höhe misst. Nun stelle man sich vor, was da an Bewegungsraum von der Zimmerfläche von 10,35 qm übrig bleibt, einfach nur ein ganz schmaler Gang zwischen den Mobilien hindurch. Und in solchem Kerker vegetiren die Menschen bereits seit 16 Jahren!

Diese beschränkten Raumverhältnisse haben nun zur Erfindung einer Reihe sonderbarer Arten von Nachtlagern geführt, von denen wir die Ritschbettlade und das Lager auf der Truhe bereits angeführt haben. Anderwärts hilft man sich damit, dass man einen Strohsack des Tags über unter dem Bett oder in irgend einem unbewohnten Winkel aufbewahrt, und des Nachts dann auf den blanken Fussboden als Lagerstätte hinwirft. Dann traf ich wieder einmal eine Familie, die ihren Kindern aus zwei gegenübergestellten Stühlen ein künstliches Bett bereitet hatte. Höchst seltsam muthete es mich an, als ich einmal ein kleines Kind in einem runden Kartoffelkorbe liegen sah, welcher an einem an der Zimmerdecke befestigten Strick nahe beim Bett der Mutter aufgehängt war, und auf diese Weise gleichsam eine schwebende Wiege darstellte.

Sehr verbreitet ist das Schlafen unter dem Dach (auf der „Bühn", Bühne), was natürlich die Leute bei der schlechten Bauart der Häuser einer fortwährenden Zugluft und im Winter der bittersten Kälte aussetzt. Gegen letztere sucht man sich manchmal durch gewärmte Backsteine, die man ins Bett legt, zu schützen.

Die schlimmste Art von Schlafgelegenheit fand ich in einer oben am Ende von Charbes gelegenen Hütte. Dort haust eine Familie von 9 Personen in einem verhältnissmässig ganz kleinen Zimmer, welches durch die Aufstellung von 3 Webstühlen, 2 Betten und sonstigem Hausrath so eng geworden war, dass auch nur ein schmaler Gang frei geblieben ist. Von den 9 Familienmitgliedern schlafen drei in den beiden Betten des — man entschuldige den Missbrauch des Wortes — Wohnzimmers, drei in einer Ritschbettlade, drei aber waren in den ganz feuchten, ungediehlten nur 1,50 m hohen Keller in ein Bett von 0,88 m Breite verbannt.

Die Schmalheit der Ruhestätte ist eine weitere Folge des Raummangels. Ich habe sämmtliche Betten, in welchen mehr wie zwei Personen zu schlafen pflegen, der Breite nach und einzelne auch der Länge nach gemessen. Das Resultat dieser Messungen ist nun folgendes: es kommt im Ganzen in 268 Fällen vor, dass mehr wie zwei Personen, und zwar in 238, dass 3; in 28, dass 4; und nur in 2 Fällen, dass 5 Personen in einem Bett zusammen schlafen. 836 Personen, das macht 18,91 %, also nicht ganz ein Fünftel der gesammten Weberbevölkerung müssen demgemäss auf diese Weise die Nacht zubringen.

Von den einzelnen Dörfern sind es naturgemäss die ärmsten, welche die zahlreichsten Fälle aufweisen. Thannweiler, Meisenott, Laach, Diefenbach, Grube und Breitenau, alles recht ärmliche Gemeinden, zeigen ein Verhältniss der in mehrschläfrigen Betten liegenden Personen zur ganzen Weberbevölkerung, welches den Durchschnitt übersteigt, Gereuth ein solches, das ihn fast erreicht. Zu denen mit hohem Procentsatz gehören allerdings auch St. Petersholz und Triembach, von denen namentlich ersteres zu den am besten situirten Gemeinden gehört.

Am günstigsten stellen sich die Gemeinden Bassenberg, St. Martin, St. Moritz, Erlenbach und Weiler, die alle 10 % noch nicht erreichen. Dieselben gehören auch in der That zu den Orten mit ziemlich wohlhabender Bevölkerung.

Charakteristischer noch ist die absolute Zahl derjenigen Betten, die mehr als 3 Personen enthalten. Die Gemeinden, in welchen mindestens zwei solcher monströser Schlafgelegenheiten vorkommen, sind zu den ärmsten zu zählen.

Zunächst treten uns da die beiden elendesten Dörfer Laach und Gereuth entgegen, deren jedes sich eines fünfschläfrigen

Bettes rühmen darf; ersteres hat ausserdem in 8 und Gereuth in 2 Fällen vierschläfrige Betten aufzuweisen. Diefenbach hat deren 4, Meisengott und Urbeis 3, Grube und Thannweiler 2.

Von diesen so vertheilten 268 vielschläfrigen Betten haben 48, also 17,9 %, eine Breite bis 0,99 m, 190, also 70,9 % eine solche von 1,00 bis 1,09 m und 30, also 11,2 % eine solche von 1,00 bis 1,20 m. Von den 28 vierschläfrigen insbesondere gehören zur ersten Klasse 4, zur zweiten 21 und zur dritten 3.

Interessant ist es wieder zu sehen, dass die schmalsten, von einigen Ausnahmen, wie namentlich St. Petersholz und St. Moritz abgesehen, in den ärmsten Gemeinden anzutreffen sind. Da figurirt Laach mit 7, Grube mit 6, Gereuth und Thannweiler mit 4, Meisengott und Diefenbach mit 3 Betten, die noch nicht einmal die Breite eines Meters erreichen.

Weniger auffallend ist die Länge der Betten; in dieser Beziehung sind nur die Ritschbettladen hervorzuheben, die allerdings nur für kleinere Kinder bestimmt, doch oft so kurz sind, dass die armen Würmer kaum sich gerade strecken können.

Wie schädlich dies enge Zusammenliegen für die Gesundheit des Körpers ist, leuchtet auch dem gesunden Menschenverstande eines nicht ärztlich gebildeten Menschen ein. Dass aus demselben auch üble Folgen für die Sittlichkeit entstünden, habe ich nicht constatiren können. Ich habe mich durch Vergleichung der Anzahl der Kinder männlichen und weiblichen Geschlechts mit der Anzahl der Betten stets davon überzeugt, dass die Möglichkeit eines Auseinanderliegens beider Geschlechter vorhanden war. Nur in drei Fällen, alle drei in Charbes, habe ich gefunden, dass über 10 Jahr alte Jungen und Mädchen zusammen schliefen, und nur in einem Falle waren die Kinder über 14 Jahre, der Junge 17 und das Mädchen 15 Jahre alt, wozu noch ein solches von 11 Jahren kam.

Welche Schlüsse sind wir nun aus der Beschaffenheit der Wohnungen im Allgemeinen zu ziehen berechtigt?

Bietet sie uns einen treuen Spiegel der Wohlhabenheit ihrer Bewohner?

Bis zu einem gewissen Grade zweifelsohne. So deuten beispielsweise die Unterschiede der verschieden guten Holzarten an den Möbeln entschieden auch solche im Wohlstande an. Die Preise der Möbel sind je nach der Holzart ungefähr folgende:

	Aus Tanne	Aus Kirsch, Eiche, Nussbaum etc.
Tisch . .	10 fr.	15 fr.
Schrank .	40 „	120 „
Bett	20—25 „	80 „
Nachttisch	8—10 „	20 „

Anders dagegen verhält es sich mit einer Anzahl Kleinigkeiten, die, obwohl nicht sehr theuer, doch ungemein dazu beitragen, die Wohnung freundlicher zu gestalten. So kosten ein Paar Gardinen nur 2 Mk.; Fenster mit ganzen Scheiben kosten nur 2 Mk. mehr wie die hässlichen Stückfenster. Rohrstühle kosten 4 fr. das Stück, solche mit Holzsitzen 3 fr.

Das Vorhandensein der besseren Sachen zeigt uns ebenso wie die billigen aber hübschen Zimmerausschmückungen nicht immer den Wohlstand der Bewohner, sondern vor allem ihr Bestreben an, sich ein behagliches und wohnliches Heim zu schaffen, und fremden Leuten zu zeigen, dass man auch etwas auf sein Aeusseres hält.

Wenn man nun auch ferner nicht immer aus einem unfreundlichen Aussehen des Zimmers auf die Armuth seiner Bewohner, sondern in erster Linie nur auf deren Nachlässigkeit und Lüderlichkeit schliessen darf, so ist doch auch andererseits sicher, dass die gänzliche Mittellosigkeit des Menschen erstens, wie in allen Dingen, so auch bezüglich der einfachsten, Jedermann von selbst einleuchtenden hygienischen Anforderungen einer Wohnung eine vollkommene Sorglosigkeit und zweitens eine vollständige Gleichgültigkeit gegen die — wie soll ich sagen — Aesthetik der Lebenshaltung hervorruft.

Wenn beispielsweise ein Hausvater den Sand, den die

Maurer bei einer Hausreparatur in die Schlafkammer gebracht, ein ganzes Jahr lang dort liegen lässt, wenn Andere es auszuhalten vermögen in einem total durchräucherten Zimmer zu vegetiren, ohne daran zu denken, diesem Uebelstande durch eine geringfügige Reparatur des Ofens abzuhelfen, wenn Andere in ihrer Kammer Monate lang Dreck, Stroh, Lumpen, Pfriemen, Sand und dergleichen herumliegen lassen, so kann man mit ziemlicher Sicherheit darauf schliessen, dass hier Leute wohnen, denen es vollkommen gleichgültig ist, in welcher Umgebung sie ihr Jammerleben hinschleppen.

Solche Beobachtungen und Erwägungen waren es, welche in mir die Vorstellungen von der durchschnittlichen Armuth oder Wohlhabenheit eines Dorfes begründet haben, Vorstellungen, welche durch Eruirung anderweitiger thatsächlicher Verhältnisse und Befragung ortskundiger Leute auch zum grössten Theil ihre Bestätigung erhielten.

B. NAHRUNG, KLEIDUNG, SITTLICHKEIT UND GESUNDHEIT.

Auch bezüglich der Nahrung lassen sich ungefähr drei Stufen unterscheiden, welche hier mit der verschiedenen Vermögenslage so ziemlich parallel gehen. Die wohlhabendsten Leute essen täglich mit Ausnahme der Fasttage geräuchertes Schweinefleisch und des Sonntags einen vom Fleischer geholten Braten. Wie die Leute das übrigens aushalten, jahraus, jahrein, Tag für Tag dieses magere, faserige, bis zur Knochenhärte zähe Fleisch zu essen, ist mir unverständlich. Ich selbst habe die sechs Wochen lang dasselbe des Mittags essen müssen, gestehe aber, dass ich es schliesslich nicht mehr aushielt, und es vorzog, mir selbst in der Küche einige Eierspeisen zurecht zu machen. Doch wie wunderbar sich der Geschmack des Menschen selbst an die schrecklichste Speise gewöhnt, zeigte mir die Aeusserung eines Gemeindeboten, der in Hannover gedient hatte, und behauptete, dass das Weilerthaler Schweinefleisch ihm hundertmal besser schmecke, als das saftige Fleisch der norddeutschen Ebene, und dass er es daher jedesmal als wahre Erlösung begrüsst habe, wenn die Mutter ihm ein Stück „Rothfleisch“ geschickt habe.

Der Durchschnitt der Weilerthaler isst die Woche höchstens ein bis zweimal Fleisch, und lebt im übrigen hauptsächlich von der Kartoffel. Der Genuss derselben ist so verbreitet im Thal, und gilt in dem Grade als Kennzeichen des gewöhnlichen Volkes, dass man dem Fremden im Wirthshause, aus Furcht ihn damit zu beleidigen, niemals Kartoffeln vorzusetzen wagt, so dass ich fast täglich den Genuss der Kartoffel mir geradezu habe erzwingen müssen.

Als Zuthaten werden ausser Gemüse hier gewöhnlich Milch und Eierspeisen genommen. Eine grosse Portion gekochter Kartoffeln wird mitten auf den Tisch geworfen, sei es auf eine darüber gedeckte Tischdecke oder auf das blanke, will sagen schmutzige Holz; daneben steht eine Schüssel mit saurer Milch, oder mit einer aus Milch, Butter und gebratenen Zwiebeln gemachten Sauce, oder ein Teller mit „weissem“ oder „Bürkäs“, und nun werden die Erdäpfel in jene Zuthaten getaucht und verspeist. Von Eierspeisen sind die sogenannten Brotschnitten beliebt. Es sind dies Stücke Brot, die in einen Eierkuchenteig (Milch, Mehl, Eier und Salz) getaucht und dann entweder in Wasser gekocht oder in Butter gebraten werden.

Die ärmsten Leute leben fast ausschliesslich von Kartoffeln. Saure Milch, Käse, Rettige oder Salat sind hier die einzigen Zuthaten. Selbst das Fett ist hier so gut wie verbannt aus der Küche. Höchstens, dass die Leute etwas billiges Nierenfett gelegentlich kaufen, oder den Rahm der Milch zur Anfettung ihrer Kartoffeln verwenden. Ist auch das nicht zu beschaffen, so sucht man den Kartoffeln dadurch einen besseren Geschmack zu verleihen, dass man sie in zwei Hälften getheilt an den heissen eisernen Ofen anklebt und so backen lässt.

Des Morgens wird gewöhnlich Kaffee getrunken, des Abends eine Suppe verspeist. Leute, die früh ins Feld gehen, trinken regelmässig vorher — wie einige sagen —

ein paar Schluck, wie andere behaupten, ein paar Gläschen Schnaps.

Ueber die Kleidung unserer Weber lässt sich wenig sagen. Dieselbe ist durchschnittlich auch bei armen Leuten recht ordentlich, nur wenn man in die Stätten des tiefsten Jammers hinabsteigt begegnet man wohl Leuten, die ausser den Lumpen, die sie auf dem Leibe tragen, keine anderen Bekleidungsstücke mehr haben.

Der Sittlichkeitszustand ist als ein durchaus guter zu bezeichnen. Trotz der grossen Armuth kommen Delikte gegen das Eigenthum verhältnissmässig selten vor. Was das Verhältniss der beiden Geschlechter anbetrifft, so legt die geringe Zahl unehelicher Kinder, die ich in den von mir besuchten Familien antraf, besonders aber der Umstand, dass, wenn solche vorhanden waren, diese zum weitaus grössten Theil nicht zwei Dorfgenossen zu Eltern hatten, sondern von einem Mädchen im auswärtigen Dienst concipirt worden sind, davon Zeugniss ab, dass die Behauptung, wie ich sie hin und wieder habe aussprechen hören, „dort und dort hat jedes vierzehnjährige Mädchen schon ihren Geliebten“, wohl der Wahrheit nicht entspreche, dass jedenfalls aber, wenn solche Verhältnisse bestehen, dieselben nicht häufig zu unsittlichen Handlungen führen.

Was den Gesundheitszustand der Weber betrifft, so habe ich mich ungemein gewundert, denselben trotz der erbärmlich schlechten Wohnungen doch verhältnissmässig gut zu finden. Ob die Weberarbeit ganz bestimmte Störungen des Organismus hervorruft, kann ich nicht beurtheilen. Auffallend häufig habe ich sowohl bei dem Rundgang durch die Häuser, als auch bei der Aushebung zum Militärdienst, welcher ich von Anfang an beigewohnt habe, eine Krankheit des Schienbeins gefunden, die sehr wohl von der fortwährenden Bewegung des Trittbrettes herrühren kann.

Die aus der Anzahl der in den Jahren 1875—1884 in jeder Gemeinde verstorbenen Personen berechneten Sterblichkeitsziffern lassen erhebliche Verschiedenheiten nicht erkennen, und jedenfalls nicht solche, die aus der verschiedenen Lage der einzelnen Gemeinden oder der verschiedenen Beschaffenheit der Wohnungen zu erklären wären. So figurirt z. B. Laach trotz seiner ungesunden Hütten nur mit einer jährlichen Sterblichkeit von 22 Personen auf 1000 Einwohner und wird von Neukirch, Bassenberg, Weiler, St. Moritz und Breitenbach übertroffen, die ihren ganzen Verhältnissen nach eine weit geringere Sterblichkeit als Laach erwarten liessen.

KAPITEL VIII.

DIE FAMILIE.

So viele Nachtheile auch die Hausindustrie gegenüber der Fabrikarbeit haben mag, einen unschätzbaren Vorzug besitzt sie, soweit ich sie wenigstens im Weilerthal kennen gelernt habe,[1] vor jener: sie rettet die Familie vor dem Auseinanderfallen in einzelne Arbeiter, sie fesselt Vater und Mutter ans Haus und erhält dadurch das Zusammenleben dieser mit den Kindern und die Möglichkeit der Erziehung der letzteren durch die Eltern. Die Fabrikarbeit atomisirt die Familie, die Hausweberei des Weilerthales hält sie aber nicht nur zusammen, nein sie kettet auch ihre Mitglieder enger an einander, indem sie das webende Familienmitglied auf die Mithülfe der spulenden anweist.

Auch das zweite charakteristische Merkmal der ökonomischen Stellung der Hausweber: die Beschäftigung mit dem Landbau übt entschieden einen wohlthätigen Einfluss auf das Familienleben aus. Die rein industrielle Thätigkeit der Kinder macht diese — wie uns Sax in seinen Beschreibungen der Hausindustrie Thüringens erzählt — gegenüber den Eltern berechnet. Sie rechnen ihnen vor, wie wenig sie von ihnen erhalten haben, und wie viel sie ihnen durch ihre Arbeit einbringen, und das hat sogar manchmal zur Folge, dass ganz junge Kinder den Eltern ein Kostgeld zahlen, den durch

---

[1] Sax in seinen Schilderungen thüringischer Hausindustrien hat das Gegentheil wahrzunehmen geglaubt.

ihre Arbeit gewonnenen Verdienst aber allein einstreichen. Davon ist hier keine Rede. Das Resultat der landwirthschaftlichen Arbeit lässt sich nicht auf die Mitwirkung jedes Einzelnen rechnerisch zurückführen; der Mitarbeiter in der Familie wird und kann daher nicht nach Verhältniss seiner Mitarbeit, sondern nur nach Verhältniss seiner Bedürfnisse gelohnt werden. Da nun aber der Erwerb durch Landbau eine grosse Rolle in dem ganzen Erwerbsleben des Webers spielt, so ist überhaupt eine derartige oben geschilderte rechnerische Auseinandersetzung zwischen Eltern und Kindern unmöglich. Dieser Umstand sowie der günstige Einfluss, den der Landbau überhaupt auf den Sinn des Menschen ausübt, indem er ihm die Achtung vor bestehenden Unterordnungsverhältnissen erhält, tragen ganz wesentlich dazu bei, ein festes Familienleben unter den Weilerthaler Webern zu erhalten.

Mit der Familie fällt bei den ärmlichen Verhältnissen des Thales die Haushaltung fast überall zusammen. Die Fälle, dass fremde Personen in der Haushaltung leben, beschränken sich auf die wenigen „Gesellen“ und andere Aftermiether, von denen oben die Rede war.

Gesinde findet man nur in einigen Bauernfamilien, von denen eine oder die andere sich vielleicht nebenbei mit der Weberei beschäftigt, und auch hier nicht häufig.

Ganz zur Familie zu rechnen sind die Waisenkinder („Waiselkinder“), die nicht selten arme Familien den Waisenhäusern gegen eine Entschädigung von jährlich 84 Mk. abnehmen. Obwohl man es zuweilen offen eingestehen hört, dass dies als eine Art Erwerbsquelle betrachtet wird, so werden doch diese Waisen ganz so wie die übrigen Kinder behandelt, so dass sie auch häufig noch weit über das vierzehnte Jahr hinaus, ja noch als erwachsene Menschen in der Familie bleiben, die ihnen durch langjähriges Zusammenleben zur eigenen geworden ist.

Im übrigen nehmen am Haushalt ausser Eltern und Kindern hin und wieder die Grosseltern oder ein lediges Geschwister Theil. Da dieser Zuwachs durch die Abgänge von der regelmässigen Zahl der Familienmitglieder, welche durch

Verwittwung entstehen, im Grossen und Ganzen ausgeglichen wird, so gibt das Verhältniss der Hausgenossen zu der Anzahl der Haushaltungen im Allgemeinen auch ein Bild von dem Umfang der Kinderanzahl in diesen Haushaltungen.

Ledige Personen habe ich nur sehr selten, und immer nur dann, wenn sie nicht bei Verwandten oder guten Bekannten unterkommen konnten, einen selbständigen Haushalt bilden gesehen. Diese vereinzelten Fälle üben also keinen wesentlichen Einfluss auf die Verschiebung des von uns gesuchten Verhältnisses aus.

Dasselbe ist in Tabelle I ausgerechnet.

Vergleichen wir nun dieses Verhältniss der Hausgenossen zu den Haushaltungen bei den Weberfamilien mit dem bezüglich aller Einwohner einer Gemeinde, so ergibt sich das eigenthümliche Resultat, dass ausser in den Gemeinden Weiler, Erlenbach und Bassenberg die ersteren Verhältnisszahlen überall grösser sind als die letzteren, dass also mit anderen Worten die Weberfamilien überall stärker an Mitgliedern, und das will nach obigen Ausführungen bedeuten, stärker an Kindern sind, als der Durchschnitt sämmtlicher Familien derselben Gemeinde. Für den ganzen Kanton ist dort das Verhältniss wie 1 : 4,76 hier wie 1 : 4,1.

Woher kommt nun diese verhältnissmässig grössere Kindermenge bei den Webern?

Meiner Ueberzeugung nach davon, dass die Weber den ärmsten Theil der Bevölkerung bilden, und dass es gerade die ärmsten Leute sind, bei denen wir die stärkste Kindererzeugung finden.

Bei meinem Rundgang durch die Weberwohnungen fand ich, dass — namentlich in den Dörfern mit den schlechtesten Wohnungsverhältnissen — diese um so ärger waren, je grösser die Anzahl der Kinder war, die in der Wohnung zu hausen hatten. Schmutz, Unordnung, erbärmlicher Zustand der Schlafstätten, kurz, das ganze Wohnungselend nahm in anhaltender Progression mit der steigenden Kinderanzahl zu.

Obwohl ich durch diese selbstgewonnenen Anschauungen fest davon überzeugt war, dass Elend und Armuth in gleichem Verhältniss zur Kinderanzahl stehen, wollte ich doch mit Rücksicht auf die Unsicherheit des Schlusses, den man von dem Aussehen der Wohnung auf die Vermögenslage ihrer Bewohner ziehen kann, für diese Aufstellung ein sicheres Beweismaterial gewinnen. Ich habe zu diesem Behufe in den Gemeinden Gereuth, Diefenbach und Triembach in sämmtlichen Weberfamilien nach der Dauer der Ehe und der Anzahl sämmtlicher in ihr geborenen, wenn auch inzwischen wieder verstorbenen Kinder gefragt. Durch Division der letzteren Zahl in die Anzahl der Ehejahre fand ich die Anzahl der Jahre, die bei jeder Familie durchschnittlich vergingen, ehe ein neues Kind das Licht der Welt erblickte. Diese so gewonnene Zahl nenne ich die Fruchtbarkeitsziffer. Hatte die Ehe länger als 30 Jahre gedauert, so habe ich mit Rücksicht auf die im Alter verschwindende Zeugungsfähigkeit doch stets nur die Zahl 30 als Dividend angenommen.

Zählt man nun die Dauer sämmtlicher Ehen, sowie die Anzahl aller erzeugten Kinder in einem Dorfe zusammen, so erhält man für dieses eine Durchschnitts-Fruchtbarkeitsziffer. Dieselbe beträgt für Gereuth 2,5, für Diefenbach 3,1, für Triembach 3,2 Jahre.

Da nun aber eine Durchschnittsziffer allein ein richtiges Bild der zu untersuchenden Zahlenverhältnisse nicht bieten kann, man vielmehr auch die Anzahl der über und unter dem Durchschnitt stehenden Ziffern, sowie ihre Entfernung vom Durchschnitt kennen lernen muss, so habe ich ausgerechnet, in wie viel von sämmtlichen in jedem Dorf untersuchten Fällen die Fruchtbarkeitsziffer 0—1, 1—2, 2—3, 3—4, 4—5, 5—6, 6—7 und über 7 Jahre betrug. Die Anzahl dieser Fälle sind auf Procente der gesammten Anzahl berechnet und in folgender Tabelle zusammengestellt:

Durchschnittlich erhielten Kinder in

	0—1	1—2	2—3	3—4	4—5	5—6	6—7	über 7 Jahre
in Gereuth . %	1	43	29	11	8	5	0	3
„ Diefenbach . „	3	31	30	17	8	6	1	3
„ Triembach . „	—	29	29	18	11	3	3	7

Demnach haben in Gereuth 43 %, also fast die Hälfte aller Weberfamilien im Zeitraum von 1—2 Jahren immer wieder ein neues Kind bekommen. Eine ganz fabelhafte, kaninchenhafte Fruchtbarkeit. In den Orten Diefenbach und Triembach kommt dagegen jene Fruchtbarkeitsziffer nur in 31 resp. 29 % sämmtlicher Fälle vor. Die Fruchtbarkeitsziffer von 2—3 Jahren erreichen in den drei Dörfern ziemlich die gleiche Anzahl von Familien, in Diefenbach 30, in Gereuth und Triembach 29 von je 100 Familien. Für die 3 bis 4jährige Wiederkehr von Kindern ändert sich das Verhältniss ganz und gar. Wenn bei der ungünstigsten Fruchtbarkeitsziffer Gereuth ganz oben, bei einer mittelmässigen mit den übrigen auf gleicher Höhe stand, sinkt es jetzt bei der verhältnissmässigen guten Ziffer von 3—4 Jahren ganz rapide auf 11 % herab, und bleibt von nun an dauernd unter den beiden andern Dörfern. Triembach dagegen, das in den beiden ersten Colonnen am wenigsten Betheiligung zeigt, weist von hier ab, von einer Colonne abgesehen, die höchsten Procentsätze auf.

Die allgemeine Tendenz bei allen drei Dörfern ist eine streng fallende. Wenn zum Schluss Diefenbach und Triembach wieder um einige Procent in die Höhe steigen, so liegt das an einigen aussergewöhnlichen Ehen, die trotz einer mehr als zwanzigjährigen Dauer doch nur ein Kind in die Welt gesetzt haben. Die erste Colonne ist wegen der Seltenheit des Vorkommens von Zwillingen — denn um solche handelt es sich hier allein — kaum mitzuzählen.

Die Verschiedenheit nun, mit der sich die Weberfamilien in den drei Dörfern vermehren, läuft vollkommen parallel mit der verschiedenen Vermögenslage ihrer Einwohner, wie sie mir durch die Beobachtung ihrer Lebenshaltung erschienen ist. Ich erhielt den Eindruck, dass Gereuth tief unter den beiden andern Gemeinden steht, und von diesen wiederum Triembach besser situirte Bewohner hat, als Diefenbach.

Doch ich habe das Verhältniss der Fruchtbarkeit zur Armuth noch exakter festzustellen versucht.

Zu diesem Behufe habe ich bei jeder Weberfamilie der drei Dörfer die Summe sämmtlicher Steuern, auf welche sie veranschlagt waren, in den Steuercontobüchern nachgesehen. Viele der Familien habe ich nun allerdings gar nicht, oder nicht mit Sicherheit ermitteln können. War letzteres nicht möglich, so habe ich diese lieber ausgeschieden, und nur jene herangezogen, bei denen die Identität der Personen meiner Liste mit denen in dem Steuerconto unzweifelhaft war. Dieser Rest war bei Triembach ein so geringer, dass ich dieses Dorf von der Untersuchung ausschliessen musste.

Bei den beiden Dörfern fand ich nun einen fast vollständigen Parallelismus zwischen der Fruchtbarkeitsziffer und der Steuersumme. Je kleiner jene, in je kürzeren Zwischenräumen also die Familie wieder ein Kind bekam, desto geringer war auch diese.

Diesen Parallelismus habe ich in folgender Tabelle darzustellen versucht. Sie trägt am Kopf die Steuersummen und an der Seite die Fruchtbarkeitsziffern. In jeder Klasse von Ehen mit gleicher d. h. innerhalb eines Jahres sich bewegender Fruchtbarkeitsziffer ist nun ausgerechnet, wieviel Procent dieser Familien jeder der fünf willkürlich angenommenen Steuerklassen angehören.

A. Gereuth.

Fruchtbarkeitsziffer.	bis 1 Mk. jährliche Steuer.	bis 5 Mk.	bis 10 Mk.	bis 20 Mk.	bis 40 Mk.
bis 1,9 Jahre	40	60			
von 1,9—3 „		42	37	16	5
„ 3,1—4 „		17	17	33	33
„ 4—5,5 „				50	50

B. Diefenbach.

Fruchtbarkeitsziffer.	bis 1 Mk. jährliche Steuer.	bis 5 Mk.	bis 10 Mk.	bis 15 Mk.	bis 30 Mk.
bis 1,9 Jahre	40	40	20		
von 1,9—2,9 „		42	22	21	15
„ 2,9—3,9 „		18	18	46	18
4—7 „			25	25	50

Sehen wir uns nun die Tafel für Gereuth an, so sehen wir den behaupteten Parallelismus in ganz auffallender Weise ausgeprägt. (Ich muss hierbei bemerken, dass ich bei Aufstellung jener Tabelle von jener Klasse von Ehen abgesehen habe, die nur alle 6—10 Jahre Kinder erhalten. Es sind dies nur drei Fälle mit einer Fruchtbarkeitsziffer von 6, und ein Fall mit einer solchen von 10 Jahren. Die Vertheilung in die Steuerklassen ist im Vergleich zu den übrigen Klassen durchaus anomal, ein Umstand, der bei der geringen Anzahl der beobachteten Fälle mir derartig zufällig erschien, dass ich, um das Bild des Ganzen nicht zu stören, diese Klasse in die Tabelle nicht aufgenommen habe.)

Wir entnehmen aus der Tafel, dass in Gereuth die Familien, die sich am schnellsten vermehren zu $^2/_5$ höchstens 1 Mk., zu $^3/_5$ höchstens 5 Mk., keine von ihnen aber mehr wie diese Summe jährliche Steuer zahlen. Recht charakteristisch sind die beiden folgenden Zeilen. Die Leute, welche alle 2—3 Jahre ein neues Kind bekommen, vertheilen sich so auf die verschiedenen Steuerklassen, dass je höher wir in dieser hinaufkommen, desto geringer die Betheiligung an ihnen wird, während bei den Familien, die erst alle 3—4 Jahre einen Zuwachs erhalten, die umgekehrte Vertheilung stattfindet. Von denen endlich, die erst alle 4—5,5 Jahre mit einem neuen Sprössling erfreut werden, sind die Hälfte in der verhältnissmässig glücklichen Lage, jährlich 10—20 Mark, die andere Hälfte in der jährlich 20—40 Mark an Steuern entrichten zu können.

In Diefenbach zeigen sich ähnliche Resultate. Hier weisen die beiden ersten Zeilen, welche die fruchtbarsten Ehen enthalten, nach den höheren Steuerklassen hin eine durchaus abnehmende Tendenz auf. Die dritte Zeile zeigt zwar im Allgemeinen eine gleichmässige Vertheilung, jedoch mit der Neigung, nach den oberen Steuerklassen hin zu steigen. Ganz deutlich sehen wir diese Neigung in der letzten Klasse ausgebildet. Auch hier sind wie in Gereuth die Hälfte aller Familien von der geringsten Fruchtbarkeit der höchsten Steuerklasse zugehörig, während die andere Hälfte sich gleichmässig auf die dritte und vierte Klasse vertheilt.

Durch diese Zahlenverhältnisse scheint mir der Parallelismus zwischen Armuth und Fruchtbarkeit genügend bewiesen zu sein. Worin derselbe seinen Grund hat, lässt sich nur vermuthen und nicht beweisen.

Mir scheint er einmal darauf zurückzuführen sein, dass mit zunehmender Armuth auch der Leichtsinn, die Sorglosigkeit, die Gleichgültigkeit gegen die Zukunft wächst. Ob wir fünf oder zehn zusammen verhungern, so denken die Leute, bleibt für uns selbst doch schliesslich gleichgültig. Vielleicht schlummert dabei im Hintergrund auch der Gedanke, dass einige der Kinder doch bald wieder verschwinden werden, und dass die, welche schliesslich durchkommen, den Verdienst der Familie schon von Kindesbeinen an vermehren helfen können. Allein diese auf einer vernünftigen Ueberlegung beruhenden Gründe treten weit zurück gegen den einfachen Naturtrieb, der sich gerade bei den ärmsten Leuten am stärksten erweist. Denn wenn alle andern Genüsse Geld kosten und daher den „Enterbten der Gesellschaft“ verschlossen bleiben, dieser eine ist ihnen geblieben, auf ihn allein sind sie angewiesen, und ihm fröhnen sie daher am meisten. Einen nicht unbeträchtlichen Einfluss hierauf mag auch die Sitte haben, dass die Eheleute stets in einem Bett zusammenliegen. Im ganzen Weilerthal habe ich nur zwei Weberfamilien gefunden, die diese Sitte zu durchbrechen gewagt hatten; beide waren in der Stadt Weiler ansässig. Der eine dieser Ehemänner, den ich scherzend über diesen Punkt zur Rede stellte, antwortete mir höchst vernünftiger Weise: „Bei dene Zite kann man nicht zusammen liegen, 's muss besser kommen“.

Wenn ich nach alledem die Ueberzeugung habe, dass die starke Kindererzeugung die Folge und nicht die Ursache der Armuth sei, so giebt es doch auch Stimmen, welche das letztere behaupten. Liegt der Schluss doch so nahe: Je mehr Mäuler, desto grössere Haushaltungskosten und daher desto grösserer Verbrauch und geringere Möglichkeit zu sparen.

Dieser Schluss ist jedoch entschieden falsch. Denn was die Kinder mehr kosten, bringen sie regelmässig auch durch ihre Arbeitsleistungen wieder ein. Einen Beweis für die Richtigkeit dieser Behauptung bin ich gleichfalls auf Grund des in Gereuth und Diefenbach gesammelten Materials zu liefern im Stande. Wäre nämlich die Ansicht, die Armuth sei eine Folge der starken Kindererzeugung, richtig, so müsste nicht nur die Fruchtbarkeitsziffer, sondern vor Allem die absolute Anzahl der in jeder Ehe geborenen Kinder mit dem Grade der Armuth parallel gehen. Die folgende Gegenüberstellung der Kindermenge in jeder Ehe mit der von den Eltern gezahlten Steuersumme beweist jedoch, dass dies durchaus nicht der Fall ist.

Zahl der Kinder.	Es zahlen von den Familien mit nebenstehender Kinderanzahl jährliche Steuern.			
	1—5 Mk.	5—10 Mk.	10—20 Mk.	über 20 Mk.
		In Gereuth:		
1—4	9	3		
5—8	10	5	5	3
9—16	6	5		2
		In Diefenbach:		
1—4	4	3	4	
4—8	6	7	8	3
9—13	2		4	

Diese Zahlen zeigen keine Spur eines Parallelismus der Kinderanzahl und der Steuersumme. Manchmal findet sogar das umgekehrte Verhältniss statt. So z. B. ist es erstaunlich, dass in Gereuth unter den Leuten, die nur 1—4 Kinder haben, 9 anzutreffen, die nur bis 5 Mk. und 3, die nur bis 10 Mk. jährliche Steuern zahlen, während von denen, die 5—8 Kinder haben, 13 über 5 Mk. und nur 10 unter 5 Mk. Steuern zahlen. Der gewünschte Beweis scheint hiermit erbracht zu sein.

In welcher Weise nun die einzelnen Glieder der Familie im Hause beschäftigt sind, ist bereits an anderer Stelle erzählt worden, im folgenden will ich mich eingehend mit den nicht im Hause der Eltern befindlichen Kindern beschäftigen, wobei, wie ich hoffe, recht interessante Resultate zu Tage gefördert werden sollen.

Nach Tabelle VIII sind aus den sämmtlichen Familien des Weilerthales 699 Kinder ausser dem Hause ihrer Eltern beschäftigt. Um zu erkennen, einen wie grossen Procentsatz der Weberbevölkerung das ausmacht, müssen wir diese 699 Kinder, nach Abzug der in ihrem Heimathsort oder im Weilerthal verbliebenen, der gesammten Weberbevölkerung von 4400 Seelen hinzuzählen, und die so erhaltene Summe (4847) als Berechnungsbasis annehmen.

Demnach leben von sämmtlichen zu den Weilerthaler Weberfamilien gehörigen Personen 13,8 %, also etwa $^1/_7$ ausserhalb des Hauses ihrer Eltern. Von diesen 699 Kindern sind nun 352, also 50,36 %, männlich und 347, also 49,64 % weiblich. Diese Gleichmässigkeit der Vertheilung unter die beiden Geschlechter halte ich entschieden für ein ungünstiges Zeichen. Denn da es dem Mann im Allgemeinen viel leichter fällt, als dem Weibe, auswärts eine Stellung zu finden, so spricht die gleiche Anzahl beider von vorneherein gegen den Trieb der jungen Leute sich zu verselbständigen. Einigermassen gemildert wird dies Verhältniss durch die Thatsache, dass von den 347 Weibern 180, also 51,87 %, durch Verheirathung, und nur 167, also 48,13 %, durch Ergreifung eines selbständigen Erwerbszweiges ihr Unterkommen gefunden haben. Rechnen wir die 180 verheiratheten Töchter ab, und suchen das Verhältniss der Söhne und Töchter zu der Summe der erstern und der übrigen 167 auswärtigen Mädchen, so würden sich die Männer mit 68,62, also mit mehr als $^2/_3$, die Weiber mit 31,38 % an der Gesammtzahl der selbständig Erwerbenden betheiligen. Allein es scheint sehr zweifelhaft, ob diese Inverhältnisssetzung dem wirklichen Leben entsprechend ist. Denn in den unteren Schichten der Bevölkerung steht die Heirath in wirthschaftlicher Hinsicht der Annahme irgend einer Erwerbsbeschäftigung vollkommen gleich, und die Anzahl der Heirathen liefert gleichfalls einen Beweis für den Trieb, das Elternhaus zu verlassen, und für die Fähigkeit einer Gegend neue Wirthschaftsgründungen zu ermöglichen.

Sehen wir uns zunächst an, wie sich die auswärtigen Kinder hinsichtlich des Aufenthaltsortes, den sie zu ihrer selbständigen Beschäftigung erwählt haben, vertheilen.

Ich habe hier sechs Rubriken unterschieden:

1. den Heimathort;
2. eine andere im Weilerthal belegene Gemeinde;
3. Elsass-Lothringen — was von einem einzigen Fall, in welchem ein Mädchen als Lehrerin nach Saarburg gegangen ist, abgesehen, mit dem Elsass zusammenfällt;
4. Frankreich;
5. Amerika;
6. Sonst.

In dieser letzten Rubrik sind erstens zwei ungerathene Söhne untergebracht, die ihren Eltern fortgelaufen sind, ohne dass diese wussten, wohin. Ferner figurirt hier ein Mädchen, das als Dienstmagd mit ihrer Herrschaft von Frankreich nach Deutschland verzogen ist, und endlich 4 Männer, die in Deutschland ihr Unterkommen gefunden haben. Von diesen sind zwei Leute auf den badischen Besitzungen eines im Thale ansässigen Grafen beschäftigt, die beiden andern haben, wie die meisten Weilerthaler, in Hannover gedient und sich nach Ablauf der Dienstzeit dort verheirathet und niedergelassen. Welch bemerkenswerthes Streiflicht wirft diese Thatsache auf die politisch-socialen Verhältnisse Elsass-Lothringens! Von einer Bevölkerung von 4847 Seelen suchen gegen 700 Kinder ausserhalb des Elternhauses und gegen 500 ausserhalb ihres Heimathsortes ihr Brod. Sie gehen nach Frankreich, gehen bis nach Amerika, aber kein einziger von ihnen kommt von selbst auf den Gedanken sein Glück im übrigen Deutschland zu versuchen. Nur der Zufall oder fremder Wille ist es, der vier Leute dorthin verschlägt. Zwei von ihnen geben sich einem elsässischen Grafen in Dienst und dieser stellt sie in seinen deutschen Besitzungen an. Zwei andere werden gezwungen nach Hannover zu gehen, finden dort eine annehmbare Heirathspartie, und nach der von mir im Weilerthal und auch sonst häufig beobachteten Eigenthümlichkeit der niederen Schichten der Bevölkerung, dass dort der Wohnsitz der Frau weit häufiger als der des Mannes den Sitz des Ehemannes bestimmt, gründen sie auch dort ihren Haushalt.

In welch grellem Gegensatze hierzu steht die Thatsache, dass von jenen 699 Kindern 199 d. h. 28,47 % sämmtlicher auswärtigen und 39,09 %, also beinahe 2/5 der 509 ausserhalb des Heimathsortes beschäftigten Kinder „ins Frankreich gegangen“ sind. Nehmen wir an, dass dieser Trieb in ganz Elsass-Lothringen in gleichem Grade stark ist, wie im Weilerthale, so können wir ungefähr ermitteln, ein wie grosser Procentsatz der elsass-lothringischen Bevölkerung sich vorübergehend des Erwerbes halber in Frankreich aufhält. Die Rechnung kann natürlich nur ein approximatives Resultat ergeben.[1] Der für das Weilerthal gesuchte Procentsatz (4400 : 199) beträgt nun 4,52. Nach der Volkszählung von 1883 hat Elsass-Lothringen 1 527 707 Seelen. Davon sind 4,52 % rund 69 500. Darnach würden also alljährlich gegen 70 000 junge Elsass-Lothringer ihre besten Jahre in Frankreich zubringen. Hoffen wir, dass unsere Schätzung übertrieben ist.

Von den 699 Kindern sind ferner 31 nach Amerika gegangen, nicht immer um sich dort dauernd niederzulassen, sondern um dort gerade wie in Frankreich und Elsass bei andern Leuten in Dienste zu gehen. Diese 31 Kinder bilden 4,44 % aller Aussenkinder, von allen Ausserortskindern 0,09 %, eine Anzahl, die im Hinblick auf den besonders schweren Entschluss, nach Amerika zu gehen, recht beträchtlich erscheint. Die relativ stärkste Anzahl der Aussenkinder nämlich 210, also 30,04 resp. 41,26 % haben im Elsass ein Unterkommen gefunden. Hierzu sind nicht gerechnet die im eigenen Thal Beschäftigten, welche eine Anzahl von 62, also 8,87 resp. 12,19 % ausmachen. Die Gegenüberstellung dieser beiden Ziffern ist ungemein lehrreich.

---

[1] Sie ist auch insofern ungenau, als wir nicht die Summe der in Elsass-Lothringen weilenden Bevölkerung vermehrt um die Zahl der auswärtigen Kinder zu der letzteren in Verhältniss setzen können.

Von 272 im Elsass untergebrachten Kindern sind im Weilerthal, also in der nächsten Nähe nur 62 d. h. 22,79 % geblieben. Diese Thatsache ist nicht etwa aus einem bei den Weilerthalern herrschenden Trieb in die Ferne zu erklären — wir werden vielmehr späterhin das gerade Gegentheil bewiesen finden — sondern einzig und allein aus der Unergiebigkeit des Thales, aus der Unfähigkeit seiner Ortschaften, den von ausserhalb kommenden Personen eine genügende Nahrungsmöglichkeit zu bieten. Es kann keinen sprechenderen Beweis für die Armseligkeit unseres Kantons geben als diesen.

In direktem Widerspruch hiermit scheint auf den ersten Blick die Thatsache zu stehen, dass 190, also 27,18 % der Aussenkinder am Orte selbst sich verselbständigt haben. Dies ist aber durchaus erklärlich. Gegen die objektive Unergiebigkeit des Thales kämpft hier die subjektive Trägheit, die Unlust, anderwärts als im altgewohnten Heimathsort sich sein Brot zu suchen. Dies gilt sowohl für diejenigen, welche in fremde Dienste gehen, als auch für diejenigen, welche sich selbständig machen wollen. Für letztere kommt hinzu, dass es jedermann viel leichter wird, auch abgesehen vom Falle der Beerbung, im eigenen Ort sich einen Haushalt zu gründen, als anderwärts, wo einem solchen Unternehmen stets, namentlich aber in armen Gemeinden, ein gewisser aktiver oder passiver Widerstand entgegengesetzt wird.

Ich habe es leider unterlassen genau festzustellen, in wieviel Fällen die auswärtigen Söhne in fremden Diensten stehen und in wie vielen sie sich selbständig gemacht haben. Nur für die Landwirthe habe ich das constatirt. Während wir nun unter den 13 Männern, die im eigenen Ort geblieben und Landwirthe geworden sind, 8 Knechte und 5 Bauern finden, sind sämmtliche 9 Ackerbauer, die im Weilerthal an einem andern als dem Heimatsort schaffen, Knechte. In keinem einzigen Fall ist es ihnen also gelungen, eine selbständige Bauernwirthschaft im Thal ausserhalb des Heimathsortes zu gründen. Diese Thatsache spricht deutlich genug für die Richtigkeit obiger Behauptung.

Die Vertheilung nach Geschlechtern für die verschiedenen Berufsarten ist nun folgende. Bei den im Ort gebliebenen beträgt die Differenz der Anzahl beider nur 4, es sind 97 Männer und 93 Weiber. Für das Weilerthal und das Elsass ist die Anzahl der Weiber etwas grösser, wie die der Männer — 37 und 124 gegenüber 25 und 86, für Frankreich und Amerika dagegen kleiner, 85 und 7 gegenüber 114 und 24.

Von allen Männern sind daher im Thal und im Elsass zusammen 31,5, von allen Weibern aber 46,4 %; in Frankreich und Amerika zusammen von den Männern 39,2, von den Weibern dagegen 26,5 %. Diese Verschiedenheit ist wohl daraus erklärlich, dass dem Mann der Entschluss in ein fremdes und in ein fernes Land zu gehen, leichter fällt als dem Weibe, und dass diese sich daher lieber im Thal und im übrigen Elsass als in Frankreich und Amerika nach Arbeit umsehen.

Die Unterschiede in der Anzahl der Aussenkinder schwanken bei den verschiedenen Gemeinden von 10,8 bis 20 % der Bevölkerung. Unter dem Durchschnitt von 13,8 % stehen 10 Gemeinden, nämlich Urbeis (10,8), Breitenau (11,00), Weiler (11,5), Neukirch (11,6), Gereuth (12,3), Steige (12,5), Diefenbach (12,6), St. Martin (13,2), Grube (13,2) und Erlenbach (13,6 %). Ueber dem Durchschnitt stehen 8 Gemeinden, nämlich St. Moritz (14,1), Breitenbach (14,2), Laach (14,5), Meisengott (15,2), Thannweiler (16,3), St. Petersholz (16,9), Triembach (19,9), Bassenberg (20 %). In diesen Zahlen sprechen sich anderweitige Charakterzüge der einzelnen Gemeinden, soweit ich sehen kann, nicht aus. Höchst interessante Resultate ergibt dagegen eine Vergleichung der Ausserortskinder mit der Weberbevölkerung. Diese Zahlen zeigen uns nämlich, dass die ärmsten Gemeinden die wenigsten Ausserortskinder haben. Vor allem fällt dies bei Laach auf, welches nur 6,8 % seiner Weberbevölkerung ausserhalb des Ortes hat. Es ist dies um so bemerkenswerther, als die Anzahl der Aussenkinder durchaus nicht so gering ist; sie beträgt 96, was 14,5 % der Weberbevölkerung ausmacht. Von diesen 96 Kindern sind aber 51, also 53,2 % im Orte verblieben, ein ganz ungewöhnliches Verhältniss, wenn man bedenkt, dass die nächst niedrige Procentziffer (Urbeis), die das Verhältniss der Ortskinder zu den Aussenkindern angibt, nur 34,8, also um beinahe 20 weniger beträgt. Von den übrigen Dörfern mit entschieden armer Bevölkerung zeigt Gereuth 9,3, Breitenau 9,3, Grube 8,0, Diefenbach 9,2, Urbeis 7,3, Meisengott 10,0% und einzig und allein Thannweiler einen höheren Procentsatz (13,6). Auch die beiden Orte mit theils armer, theils wohlhabender Bevölkerung zeigen niedrige Procentsätze, nämlich Steige 9,3 und Neukirch gar nur 8%. Von den besser situirten Gemeinden zählt St. Moritz 11,2, Breitenbach 11,9, St. Martin 12,1, St. Petersholz 15,7 Ausserortskinder auf 100 Weberpersonen. Alle diese Gemeinden zeigen also höhere Procentsätze als jene armen Dörfer. Erlenbach kann wegen der geringen Anzahl seiner Weberfamilien, Weiler wegen seiner von den Dorfgemeinden abweichenden Verhältnisse nicht verglichen werden. Die unverhältnissmässig hohen Procentzahlen von Bassenberg (19,0) und Triembach (18,6) stehen mit den Wohlhabenheitsverhältnissen dieser Gemeinden nicht ganz im Einklang.

Ob dieser Parallelismus nun darauf beruht, dass die Armuth die Ursache, oder dass sie die Folge des Bleibens im Dorf ist, lässt sich schwer sagen. Zu ersterer Annahme könnte die Betrachtung Veranlassung geben, dass je ärmer die Leute, desto weniger unternehmungslustig und desto gleichgültiger gegen ihr Schicksal sie sind, während die entgegengesetzte Annahme durch die noch näher liegende Ueberlegung gerechtfertigt werden könnte, dass bei einem zu geringen Abfluss an nahrungsbedürftigen Individuen die Mittel einer Ortschaft immer weniger genügend werden, um den Leuten, die sich in ihr niederlassen, den nöthigen Lebensunterhalt zu gewähren.

Ein noch richtigeres Bild von dem Umfang des Kinder-Abzugs in jeder Gemeinde würde man erhalten durch Vergleich der Anzahl der Aussenkinder nicht, wie es hier geschehen, mit der gesammten Weberbevölkerung, sondern mit der Anzahl der abzugsfähigen d. h. den Gewohnheiten des Thales zufolge der über 15 Jahr alten Kinder.

Nur in drei Gemeinden habe ich diese letzteren Zahlen gesammelt. Folgendes war das Resultat:

	Kinder über 15 J.	davon auswärts	macht %	Verhältniss zur Bevölkerung
Gereuth	142	50	35,91	12,3
Diefenbach	145	48	33,10	12,6
Triembach	64	33	48,7	19,9

Vergleichen wir nun diese Zahlen mit den früher gewonnenen, so ergibt sich, dass das Verhältniss der Aussenkinder zu den abzugsfähigen Kindern dem der Aussenkinder zu der Bevölkerung fast proportional ist. Nehmen wir nämlich das Verhältniss der beiden in Rede stehenden Procentzahlen in Triembach (48,7 : 19,9) als Maassstab an, denken wir uns der Einfachheit halber, dass sowohl in Gereuth wie in Diefenbach 12,5 % der Bevölkerung hinausgeht, und fragen, welches müsste an Triembach gemessen in Gereuth und Diefenbach das Verhältniss der Aussenkinder zu den exportfähigen Kindern sein, so ergeben sich 30,74 %, eine Zahl, die von den thatsächlichen nur wenig abweicht. Diese Rechnung lehrt uns, dass mit den von uns aufgestellten Verhältnisszahlen die als wünschenswerth bezeichneten so gut wie gegeben sind.

Noch grösser wie die Schwankungen in den Mengen der Aussenkinder sind die in der Vertheilung derselben auf die einzelnen Aufenthaltsorte.

Hier fällt unter anderem der starke Zug nach Frankreich auf, der in den folgenden Gemeinden herrscht:

Weiler (wo 58,3 % der sämmtlichen auswärtigen Kinder in Frankreich sind), Steige (51,5), Bassenberg (42,4), Grube (40,0), Breitenau (36,4), Triembach (36,3) und Urbeis (34,8).

Besonders auffallend tritt dies bei der hohen absoluten Zahl in Steige hervor, da hier von 69 auswärtigen Kindern 33 nach Frankreich gegangen sind. Die Gründe für diese Erscheinung liegen wohl einmal in der Nähe der Grenze für die Orte Urbeis und Steige, ferner in dem Umstande, dass diese beiden Orte, sowie Grube und Breitenau eine Patois redende und französisch verstehende Bevölkerung haben. Aus beiden Gründen müssten wir bei Laach dieselbe Erscheinung wahrnehmen können. In der That ist auch hier der Antheil Frankreichs an den Aufenthaltsorten der Aussenkinder ein sehr starker, da von 45 der ersteren 24, also über die Hälfte, in Frankreich sind, und nur die aussergewöhnlich starke Betheiligung des Heimathsortes selbst bewirkt, dass die Verhältnissziffer unter Einrechnung dieses auf 25 % herabgeht. Besondere Gründe für den starken Auszug nach Frankreich aus Weiler, Triembach und Bassenberg weiss ich nicht anzuführen.

Im Allgemeinen habe ich die Beobachtung gemacht, dass die Uebersiedlung an irgend einen Ort ungemein ansteckend auf die Nachbarn wirkt. Briefe und mündliche Erzählungen erregen die Phantasie und damit die Lust, den gleichen Ort aufzusuchen. Hat daher in einer Gemeinde der Zug nach einer Gegend oder auch nur einem bestimmten Orte angefangen, so finden sich in kurzer Zeit viele Nachfolger.

KAPITEL IX.

DIE SCHULDVERHÄLTNISSE UND DIE JUDEN.

Es wäre an dieser Stelle eigentlich meine Aufgabe, von der Menge der Schulden, mit denen die Weilerthaler Hausweber belastet sind, ein übersichtliches Bild zu geben. Hier aber auch nur annähernd der Wahrheit auf die Spur zu kommen, ist für Jemanden, der nicht Wochen lang an dem gleichen Ort sich aufgehalten hat, völlig unmöglich; denn die Leute geben ihre Schulden, wie leicht verständlich, entweder gar nicht oder falsch an.

Dagegen scheint es mir interessant zu sein, einen Blick in die Entstehungsweise der Schulden zu werfen. Und bezüglich dieses Punktes habe ich höchst mittheilenswerthe Aufschlüsse insbesondere über das Treiben der Juden im Weilerthal in Erfahrung gebracht.

Der Umfang der Kundschaft der jüdischen Händler ist in den verschiedenen Dörfern eine äusserst verschiedene. Während einige Dörfer von der Judenkrankheit ganz verschont bleiben, andere nur an einzelnen Punkten angegriffen werden, sind andere ganz von ihr durchseucht. Es kommen hier manchmal ganz auffällige Gegensätze vor. So liegen das Dorf Diefenbach, welches als vollständig judenfrei zu bezeichnen ist, und das total durchjudete Gereuth dicht neben einander. Die Judenfreiheit Diefenbachs hat allerdings einen leicht verständlichen Grund. Es wohnt daselbst nämlich ein sehr reicher Bauer, welcher als allgemeiner Bankier des

Dorfes fungirend durch seine Bereitwilligkeit zu Unterstützungen durch Darlehen, seine Ehrlichkeit und seine Langmuth eine wahre Wohlthat für die Gemeinde bildet, und diese vor allem vor den Angriffen der Juden völlig sichert.

Diese Juden nun sind zum geringen Theile im Weilerthale selbst ansässig. Nur drei von ihnen leben in Bassenberg und zwei in Weiler. Die meisten sitzen in der Ebene, namentlich in Scherrweiler, Schlettstadt, Ittersweiler und Dambach und kommen von dort wöchentlich oft einige Male ins Thal gezogen. Drei Artikel sind es, mit denen sie vornehmlich handeln, Tücher und andere Krämerwaaren, Kühe und Grundstücke.

Die Tuchhändler richten nicht viel Schaden an; nur in Breitenbach wurde mir erzählt, dass sie dort die creditirten Summen oft bis 100 und 150 Mk. anwachsen lassen und von dieser Basis aus ihre weiteren Operationen vornehmen.

Wirklich gefährlich sind nur die Kuh- und Häuserjuden.

Manchen gegenüber treten sie nur als plumpe Betrüger auf. Da schwatzen sie ihnen eine Kuh auf, die wenig oder gar keine Milch gibt, die den Stier nicht mehr hält, oder gar mit irgend welcher Krankheit behaftet ist. Sie wird als trächtig ausgegeben und befindet sich in ganz jungfräulichem Zustande. Natürlich wird ein Preis gefordert, der den wirklichen Werth weit übersteigt. Stellt sich nun die Unbrauchbarkeit des Thieres heraus, so findet sich der Jude ungenirt bei dem Bauern ein, macht diesem klar, dass irgend welche Verhältnisse und Vorkommnisse, schlechte Ställe oder unrichtige Behandlung die Ursache des Fehlers gewesen seien. Schliesslich erbarmt er sich aber des armen Mannes und nimmt ihm die Kuh wieder ab. Der Preis, den dann der Jude gibt, ist aber um 50 bis 60 fr. und häufig um einen noch grösseren Betrag geringer als der vom Bauern gezahlte. Der Jude aber treibt fröhlich seine Kuh vor sich her, um in einem andern Dorf mit demselben Vieh dasselbe lucrative Geschäft anzufangen.

Besonders gute Gelegenheit zu derartigen Betrügereien gibt der sogenannte „Kuhhandel“ d. h. der gegenseitige Austausch von Kühen. Wem es zu viel Mühe macht, eine Kuh selbst gross zu ziehen, der sieht es gern, wenn ihm der Jude ein Kalb bringt und dafür seine alte Kuh nimmt. Bei diesem Geschäft ist der Dörfler natürlich regelmässig der Angeführte. Anstatt dass er noch etwas vom Juden herausbekommt, muss er oft diesem noch einige Zehnmarkstücke für das „prächtige“ Kalb herausrücken. Oft kommt auch der Jude, schwatzt einer Kuh alle möglichen Fehler an den Hals, überzeugt den Bauer, dass dieselbe absolut abgeschafft werden müsse, und erbietet sich ihm dafür eine weit bessere einzutauschen. Es ist geradezu unglaublich, wie oft sich diese Leute, die doch von Jugend auf mit Vieh umgegangen sind, bei diesem Tausch in der plumpesten Weise übers Ohr hauen lassen können. Sehr merkwürdig ist es übrigens, dass dieser Kuhhandel ganz besonders stark nur in St. Martin wüthet. Fast in jedem Weberhaus fand ich dort Leute, die auf diese Weise von „den Judden verwischt“ waren. Manche allerdings waren durch Schaden klug geworden, und versicherten mir, sie zögen ihr Vieh jetzt lieber selber auf, statt die schlechten Judenkälber gegen ihre guten Milchkühe einzutauschen.

Zu ebenso plumpen Betrügereien gibt das sogenannte „lehnen“ der Kühe Anlass.

Es kommen hier zwei Arten von Verträgen vor. Am häufigsten zahlt der Entleiher für das Jahr eine fixe Summe von 24 bis 30 fr., hat dafür die ganze Milch und das Kalb zur Hälfte. Stirbt die Kuh, so trägt Jeder die Hälfte des Schadens, eine sehr harte Bestimmung, da sie den Miether nicht allein für den Zufall, sondern auch für höhere Gewalt haften lässt. Die Gelegenheit zum Betruge bietet hier die zu hohe Schätzung von Kuh und Kalb seitens des Juden, oft aber auch der einfache Vertragsbruch. So erzählte mir ein Weber in St. Petersholz, woselbst diese Kuhleihe besonders stark im Schwange ist, der Jude habe von ihm entgegen der Vertragsbestimmung den ganzen Werth der krepirten Kuh verlangt, ein anderer ebendaselbst, der Jude habe von ihm trotz der Zusage, das Kalb solle ihm ganz gehören, auf die allgemeine Usance sich berufend, die Hälfte des

Preises verlangt, als er, der Weber, wie es gewöhnlich geschieht, das Kalb für sich behalten wollte.

Die andere doch nur selten vorkommende Art der Kuhleihe besteht darin, dass der Dörfler die Kuh ohne Leihgeld aber unter der Bedingung übernimmt, dass nach Ablauf einer gewissen Zeit, beispielsweise eines Jahres, die Hälfte des Mehrwerths unter die beiden Paktanten vertheilt, beziehungsweise der ganze Minderwerth von dem Bauer dem Juden herausgegeben werde. Unter dem Mehrwerth ist natürlich auch das Kalb inbegriffen. Können sich die Contrahenten nach Ablauf des Vertrages über Mehr- oder Minderwerth nicht einigen, so hat der Jude das Recht die Kuh zu verkaufen, und darnach die Herauszahlungen zu regeln. Den Zufall tragen beide zur Hälfte. Auch hier ist durch übermässige Schätzung der Kuh zur Zeit des Vertragsbeginnes, sowie durch falsche Auslegung der nicht so einfachen Contractsbestimmungen der Unredlichkeit Thür und Thor geöffnet.

Unter die Rubrik der plumpen, ohne Weiteres dem Gerichte verfallenden Betrügereien gehören auch die nicht so selten vorkommenden Fälle, dass der Jude die abbezahlte Schuld, wenn der Schuldner die Quittung verloren hat, noch einmal einfordert, dass er ihm unrichtig oder gar nicht quittirt, oder dass er ihm zu hohe Gerichtskosten berechnet. Der geprellte Dörfler kann nur zu oft nicht lesen, und wenn er es kann, so versteht er den Inhalt solcher rechtlich bedeutsamen Schriften nicht so genau zu schätzen, dass er die Falle merke.

Alles was ich hier anführe ist mir als vorgekommene Thatsache nicht nur von ortskundigen Leuten im Allgemeinen, sondern von den in concreto Betrogenen selbst mitgetheilt worden. So will ich nur ein Beispiel als Illustration zu dem zuletzt erwähnten Falle von Betrügereien erzählen. Ein Weber ist vom Vater her einem Juden 170 Mk. schuldig. Er zahlt sie nach einigem Drängen durch Gericht und Gerichtsvollzieher ab. Jetzt kommt der Jude verlangt 96 Mk. sage und schreibe sechsundneunzig Mark für angeblich von ihm verauslagte Gerichtskosten. 36 Mk. hat der Arme schon gegeben; hoffentlich wird er meinem Rath folgen und sich nicht auch den Rest noch abprellen lassen.

Wenn in den bisherigen Fällen zum Zustandekommen des Betruges ausser der Unredlichkeit des Juden auch noch die Dummheit des Betrogenen nöthig war, dieser also theilweise selbst die Schuld seines Unglückes trägt, so hat der Jude noch viel feinere Gewebe im Hinterhalt, in die er sein Opfer verstricken und zu Fall bringen kann.

Der Ausgangspunkt solcher Operationen ist das Darlehn, welches ja so recht das eigentliche Element des schmutzigen, wie des gewaschenen Judenthums ist. Gewöhnlich fängt es damit an, dass der Bauer den Preis für die gekaufte Kuh ganz oder zum Theil schuldig bleibt. Der Jude kennt dann folgende Methoden, ihn übers Ohr zu hauen. Z. B. er paktirt mit ihm, er soll, falls der Kaufpreis in einer bestimmten Zeit nicht völlig abbezahlt sei, die Kuh ohne Entschädigung für den bereits gezahlten Theil des Preises zurücknehmen dürfen. Ist der Termin nun abgelaufen, so reisst ihm der Jude nicht etwa sofort die Kuh aus den Händen. Nein er macht dem Bauer einen freundschaftlichen Besuch, lässt sich von ihm in den Stall führen, besieht sich die Kuh und findet er sie noch nicht fett genug, nun dann ist er so grossmüthig und lässt dem armen Kerl aus reinem Mitleid das Vieh noch einige Wochen im Stalle stehen. Natürlich muss der Bauer ihm für diese Gefälligkeit wieder eine kleine Abschlagszahlung leisten. Ist nun die Kuh endlich hübsch aufgefüttert, oder trägt sie gar ein Kalb im Leib, siehe da, da kommt die Kralle aus den Sammetpfötchen heraus, und die Kuh mit sammt den Abschlagszahlungen ist verschwunden. Geht der Bauer auf die eben beschriebene Vertragsklausel — diese lex commissoria, die den Herren Juristen so höchst interessant erscheint, im wirklichen Leben aber eine schändliche Uebervortheilung des Schuldners in sich schliesst — nicht ein, so hat der Jude ein anderes Mittel an der Hand. Kann der Schuldner zum festgesetzten Termin nicht zahlen, so kauft der Jude die Kuh ihm wieder ab, weiss aber dem Bauer vorzureden, dass sie in der Zwischenzeit gerade so viel an Werth verloren, als der Mann noch zu zahlen hat. Das Resultat also ist dasselbe, wie bei der lex commissoria, der Jude zieht mit der Kuh und den Abschlagszahlungen ab.

Allein glücklich die Leute die noch auf solche Weise wegkommen. Wehe den Armen, die der Jude durch eine Jahre lang andauernde systematische Zugrunderichtung zu seinen Opfern machen will. Das Blut empört sich Einem, wenn man diese Elenden die Geschichte ihres Ruins erzählen hört. Ich sehe ihn noch vor mir, wie er am Webstuhl sitzend sein blasses, gramzerfressenes Gesicht immer wieder zu mir herumwendet, um immer wieder eine neue Schandthat seines Vampyrs zu erzählen, und in der Zwischenzeit, während ich mich beeile dies alles zu Papier zu bringen, mit einer gewissen Heftigkeit den Webstuhl tritt, um an dem todten Werkzeug seinen Zorn auszulassen; oder dort jenen Andern, der, umgeben von einer halbbekleideten Kinderschaar in Lumpen dasteht, und mit heiserer, matter Stimme seinen Lebenslauf erzählt, der so schön begonnen hat und so elend enden soll, und alle die Dutzende von Leuten, die durch ihre Erzählungen einen heiligen Zorn gegen jene Blutsauger des Volkes in mir wachgerufen haben.

Solch ein unglückliches Opfer wird ungefähr so behandelt. Statt dass der Jude die ihm nicht bezahlte Kuh auf diese oder jene Weise fortnimmt, lässt er sie ruhig da. Als Gegenleistung verlangt er nichts anderes, als dass der Bauer ein neues Geschäft mit ihm eingeht. Da muss er ihm eine zweite Kuh oder ein Stück Feld oder sonst etwas abkaufen, oder von ihm zur Bestreitung „dringender Bedürfnisse“ ein kleines Darlehn annehmen. Ist auch dies Geld fällig, so wird dasselbe Verfahren von neuem eingeschlagen. Jetzt endlich. jetzt hat der Mann wieder Geld. Er hat sich heraufgearbeitet, hat fleissig am Webstuhl geschafft, hat gespart und gedarbt, und freudestrahlend will er dem Juden das Geld in die Hand drücken. Der aber ist weit davon entfernt, als dass er das Geld annähme. Gewöhnlich lässt er sich, wenn er die Zahlungsfähigkeit gewittert hat — und die Juden erfahren alles — bei dem Mann überhaupt nicht sehen. Sitzt aber dieser wieder in der Klemme, sofort ist der Jude bei der Hand, droht mit Gericht und Execution, stellt sich ungeberdig wie ein junges Pferd, zieht aber schliesslich befriedigt ab, nachdem er ihm ein krankes Stück Vieh oder einen Sandfleck, den er sonst nirgends los werden kann, nicht aufgeschwatzt, sondern aufgezwungen hat. Ist das Opfer endlich reif, dann hinweg mit ihm von Haus und Hof, der Jude — zieht nicht etwa hinein, o nein, in denselben Mauern, die schon so viel des Elends gesehen, kann das schändliche Spiel von neuem beginnen. Der Unterschied ist nur der, dass hier der Jude einen andern Angriffspunkt für seine Machinationen gewonnen hat.

Ein armer Teufel ist vom Haus vertrieben, ein anderer verlässt das Dorf, um in Frankreich sein Brot zu suchen, der Tod hat eine Familie des Ernährers beraubt und das Vaterhaus zu verlassen gezwungen. Gleich ist der Jude bei der Hand. Keine Versteigerung wird im Weilerthal gehalten, ohne dass nicht der eine oder andere Jude dabei wäre. Zu einem Spottpreis kauft er das Haus an. Ein anderer Weber hat seine Familie bedeutend, und sein Besitzthum vielleicht um eine Kleinigkeit vergrössert: er braucht ein grösseres Haus. Was bleibt ihm übrig, er muss zum Juden. Ganz kann er natürlich den Kaufpreis nicht entrichten. Die Gefälligkeit der Stundung aber muss er theuer bezahlen. Denn obwohl ihm vielfach die vom Juden gezahlte Kaufsumme bekannt ist, muss er meistens eine um 100 bis 200 fr. und manchmal noch um grössere Beträge höhere Summe an ihn zahlen. Oft werden sogar beide Käufe in demselben Akt vor demselben Notar abgeschlossen. In diesem Falle würden übrigens entschieden die Bestimmungen des Wuchergesetzes Platz greifen.

An Beispielen solcher enormer Gewinnste der Juden habe ich folgende eruiren können.

Kaufpreis vom Juden gezahlt	Kaufpreis an den Juden gezahlt.
1 mal 500	850
3 mal 500	600
1 mal 400	500
„ 300	500
„ 700	830
„ 400	700

Zum Schluss will ich noch einige specielle Geschichten mittheilen, die das Treiben jener Leute zu illustriren vermögen.

Da ist ein wohlhabender Mann, aber alt und kränklich. Eine augenblickliche Verlegenheit nöthigt ihn, mit dem Juden anzufangen. Er fällt zwei von ihnen, die in Weiler ein Compagniegeschäft treiben, in die Hände. Bei einem Glase Wein besprechen sie so lange seine Lage, bis die Juden seine Verhältnisse ganz genau kennen, der Weber aber in jenen Zustand versetzt ist, in welchem man die meiste Lust zu kühnen Unternehmungen hat. Und da beschwatzen ihn denn die Schurken, dass er sein ganzes Besitzthum im Werth von 4000—5000 fr. gegen eine Jahresrente von 70 fr.! verkauft. Nach ein paar Monaten stirbt der Mann, und die Söhne sind nun gezwungen, Haus und Hof von den Juden zurückzukaufen, und dadurch erst recht in deren Hände zu gerathen.

Ganz ähnliches geschah einem Weber in St. Martin, der, weil er etwas Geld braucht, sein ganzes Hab und Gut, bestehend aus zwei Häuschen, einem Feld von 40 ar, einem Rebstück von 8 ar und einer Wiese von 4 ar den Juden seiner Ueberzeugung nach für ein Darlehn von 300 fr. verpfändet („versetzt"), in Wirklichkeit aber laut notariellen Aktes! es für diese Summe verkauft hat. Eines der Häuser gelang es ihm mit Hülfe einer kleinen Erbschaft, die seine Frau gemacht hatte, wieder zu erkaufen, das andere wurde — man sollte es kaum glauben — von dem Juden für 1000 Franken verkauft!

In Neukirch leben zwei Brüder und der Sohn des einen in einer ihrer Enge halber oben beschriebenen Hütte zusammen. Sie haben eine kleine Landwirthschaft gehabt und eine Kuh gehalten. Von dem Kaufpreis derselben sind sie 180 fr. schuldig geblieben. Der Termin ist fällig; das Geld ist nicht da. Der Jude stundet, aber unter der Bedingung, dass sie einen Ochsen auf Mehr- und Minderwerth lehnen. Nach 14 Tagen stellt sich heraus, dass der Ochse krank und zum arbeiten untauglich ist. Sie verkaufen ihn wieder zurück, verlieren aber 150 fr. dabei, die sie natürlich auch schuldig bleiben. In dieser Weise geht es weiter, und ein paar Jahre später sitzen sie, von Haus und Hof vertrieben, in jener gräulichen Miethsbude, die wir oben kennen gelernt haben.

In Breitenau bei einem Weber fing es auch mit einer Kuh an. Als er sie nicht bezahlen konnte, musste er eine alte Baracke, die der Jude für 500 fr. erstanden, für 600 fr. annehmen. Auch diese Summe kann er an dem festgesetzten Termin nicht zahlen; sofort wird ihm wieder eine Kuh für 180 fr. aufgedrungen, welche der Jude, nachdem sich ihre geringe Milchergiebigkeit herausgestellt hat, für 100 fr. wieder zurücknimmt. So geht es fort. Stets wenn der Jude irgend etwas schlechtes hat, das er sonst nicht los werden kann, setzt er es bei ihm ab. So hat er denn allmählich den Mann in eine Schuldenlast von 11—1300 fr. verstrickt.

Und nun noch eine Geschichte, die, wie die ersterzählte, sich in Gereuth abspielt; sie betrifft auch einen Weber.

Er hatte sich zu französischen Zeiten an Stelle eines militärpflichtigen Dorfgenossen ans Militär verkauft und ein hübsches Stück Geld mit heimgebracht. Ins Dorf zurückgekehrt erbte er vom Vater ein Häuschen, auf dem 800 fr. Judenschulden stehen. Er zahlt mit seinem Militärgeld einen Theil ab, baut sich das halbverfallene Haus etwas auf, heirathet, kauft sich einen Webstuhl, und schafft frisch drauf los. Auf einer Steigerung hat er Gelegenheit eine schöne Kuh zu kaufen. Allein es fehlen ihm noch 100 fr. Da schleicht sich der Jude, derselbe natürlich der den Vater schon behandelt hat, an ihn heran, hilft ihm mit freundlichster Zuvorkommenheit aus der Verlegenheit, drängt ihm aber noch eine Kuh für 300 fr. auf. Aber es ist die alte Geschichte, die Kuh ist unbrauchbar, er muss sie für 220 fr. wieder an den Juden verkaufen; die Uhr ist aufgezogen und der Jude sorgt dafür, dass sie nicht zum Stillstand kommt. So ist denn allmählich eine Schuldensumme von 1100 fr. zusammengekommen. Aber der Mann ist fleissig. und kann die Zinsen zahlen. Das ärgert den Juden. Er kommt zu ihm, sucht ihm einzureden, dass er noch dies und jenes für seine Wirthschaft braucht und erbietet sich bereitwilligst, ihm die nöthigen Gelder vorzuschiessen. Doch unser Weber bleibt standhaft.

Der Jude aber hält den Augenblick für gekommen, in dem er den Strick zuziehen kann; er kündigt das Kapital. Noch einmal gelingt es dem Mann das Unheil hinauszuschieben; ein guter Freund hat eine Erbschaft gemacht und leiht ihm die 1100 fr. Seinen Juden ist er los, die Schulden sind geblieben. Und wie lange wird er es treiben können, ohne doch wieder seinem Vampyr in die Hände zu fallen. Jetzt sitzt er in ungedielter Wohnstube, zwischen Wänden, von denen der Putz in grossen Stücken herabfällt, die Lumpen fallen ihm vom Leibe, und auf der Erde krümmen sich und schreien nach Brot — vergeblich! ein halb Dutzend Kinder.

Ich könnte sie alle bei Namen nennen, diese Ausbeuter des Volkes, und wenn ich die wissenschaftliche Reserve, die ich in diesem Kapitel mit vollem Bewusstsein theilweise aufgegeben habe, ganz ausser Acht lassen wollte, dann würde ich wenigstens den Namen eines Geschlechtes, oder sagen wir einer Dynastie nennen, die seit Jahrzehnten in einem Orte unumschränkt herrscht, und an anderen Orten sich mit Gleichgesinnten in die Herrschaft theilt. Als der Alte starb hat man Millionen von Franken in Kisten und Kasten verborgen gefunden, Millionen von Franken hat dieser Geschäftsmann dem Mark des armen, elenden Volkes im Weilerthal ausgesogen. Der Schweiss und die Thränen Hunderter von Unglücklichen klebt an dem Gold dieses einzigen Mannes. Und wie der Alte so treiben es seine Söhne. Nicht nur in das Vermögen, sondern auch in den Wirkungskreis des Vaters sind sie mit voller Kraft als Erben eingetreten. Glück zu dem Weilerthal, wenn das Geschlecht sich weiter so vermehrt!

SCHLUSSWORT.

Die Lage der Hausweber des Weilerthales ist nur verständlich, wenn man ihre Doppelstellung als Landbauer und Industrielle ins Auge fasst. Nach beiden Richtungen hin haben sie gegen die ungünstigsten Verhältnisse zu kämpfen, und in beiden Punkten sind diese theils selbst verschuldet, theils unverschuldet.

Der Landbau im Weilerthal krankt an drei unüberwindlichen Uebeln, an der Unfruchtbarkeit des Bodens, der Rauhheit des Klimas und der gebirgigen, die Ackerbestellung ungemein erschwerende Lage. Diese Uebel werden vermehrt durch die irrationelle Wirthschaftsweise der Leute selbst, insbesondere durch eine ungenügende Ausnutzung der vorhandenen Dungstoffe.

Als industrielle Arbeiter haben sie das Unglück für eine Fabrikation thätig zu sein, die in eine ungünstige Position auf dem Weltmarkt gerathen ist, und welche ihnen daher nicht genügende Beschäftigung gewähren kann. Allein sie könnten ihr Loos selbst verbessern, wenn sie sorgsamere Arbeit zu liefern sich Mühe gäben. Bei ihren jetzigen Fähigkeiten und Anstrengungen werden ihnen nur solche Sachen zum weben übertragen, die am schlechtesten bezahlt werden und die wegen ihrer schlechten Absatzfähigkeit nur in geringer Menge hergestellt werden können.

Aber unsere Weilerthaler sind weiter Hausindustrielle. Das zieht den gänzlich unverschuldeten Nachtheil nach sich, dass die Fabrikanten sich um ihr Loos nicht kümmern, und dass sie ohne jede bevormundende Controle bezüglich der

Arbeitszeit, der Arbeitsräumlichkeiten und anderer Umstände sind, die auf die Lebenshaltung der Arbeiter sich von wesentlichem Einfluss erweisen.

Dass sie zugleich Landbauer und industrielle Arbeiter sind, schützt sie zwar einerseits vor dem Verfall der Familienverhältnisse, erweckt aber andererseits in den Fabrikanten das vielleicht nicht ungerechtfertigte Misstrauen gegen ihre industrielle Leistungsfähigkeit, bringt sie in den Zeiten der gesteigerten landwirthschaftlichen Thätigkeit in die Verlegenheit, entweder die eine oder andere Arbeit im Stich zu lassen, und lässt sie den Bauern und der Forstverwaltung weniger tauglich zur Beschäftigung im Tagelohn erscheinen.

Die geschilderten Missstände, welche durch die Beschäftigungslosigkeit im letzten Winter zu einer gefahrdrohenden Höhe herangewachsen waren, haben nun als natürliche Reaktion eine verstärkte Auswanderung in der letzten Zeit hervorgerufen. Der Strom derselben richtet sich vorzüglich nach den französischen Grenzorten St. Dié, Moyen-Moutier, Senones, Colroy, und andern mehr in welchen die Leute immer noch lohnende Beschäftigung in der Weberei finden. Die meisten von ihnen suchen dort in Ateliers oder Fabriken Beschäftigung. Nur hin und wieder kommt es vor, dass die Leute ihre Webstühle mitnehmen, um sich auch im fremden Lande als Hausweber niederzulassen. Nach meinen Notizen sind von Leuten aus Grube in zwei Fällen je zwei, von solchen aus Laach in drei Fällen drei, und von solchen aus Urbeis in sechs Fällen sechs Webstühle mitgenommen worden. Dass hier Fälle, in denen die Weber ohne ihre Stühle fortgegangen sind, nicht vorkommen, ist wiederum ein Beweis für die Macht der Nachahmung in allen das Wandern nach auswärts betreffenden Dingen.

Ausser den französischen Grenzorten finden wir als Zielpunkt in einem Fall Scherrweiler, wohin ein Weber aus Thannweiler sammt seinem Stuhl sich gewandt hat, in vier Fällen die Fabrik in Logelbach bei Colmar und zwar — wiederum höchst charakteristisch — alle aus derselben Ortschaft (Gereuth), und endlich nur in einem Fall Amerika. Im Ganzen sind im Jahre 1884 16 Familien mit 72 Hausgenossen,

1885 aber schon bis Ende April 18 Familien mit 81 Hausgenossen, zusammen also 34 Familien mit 153 Hausgenossen ausgewandert.

Soll denn nun aber die Auswanderung das einzige Mittel sein, um die Weilerthaler Hausweber vor Noth und Elend zu bewahren; oder gibt es einen Weg, um ihnen in ihrem Thale selbst zu helfen? Ein durchgreifendes Heilmittel vorzuschlagen gestehe ich ausser Stande zu sein. Vielleicht aber dürfte das Zusammenwirken der im Folgenden angedeuteten Mittel doch die Lage der Leute einigermassen zu bessern vermögen.

Wenn auch der Landbau im Weilerthal niemals bis zu einer derartigen Ertragsfähigkeit wird gesteigert werden können, dass er für sich allein den Weilerthalern eine genügende Nahrungs- und Erwerbsquelle bieten wird, so glaube ich doch, dass eine rationellere Wirthschaft hier viel ausrichten kann. Ein besseres Bewässerungssystem wird den Ertrag der Wiesen wesentlich steigern, und die Möglichkeit zur Erweiterung des Viehstandes und zur vermehrten Düngerproduktion liefern. Hiermit würde ein Mittel zur Beseitigung eines wesentlichen Missstandes des dortigen Ackerbaues, nämlich der geringen Düngerzufuhr, gegeben sein; andere Maassregeln müssten folgen. Ob die Düngung mit käuflichen concentrirten Dungmitteln sich als lohnend erweist, müsste versucht, jedenfalls aber das vorhandene Dungmaterial vollständig ausgenutzt, und nicht wie die abfliessende Jauche zur Verunreinigung von Hof und Strasse verwandt werden.

Ob der Fabrikation von Käse, die so vielen andern Gegenden, wie beispielsweise dem Münsterthal, eine reiche Einnahmequelle geworden ist, sich im Weilerthal andere Schwierigkeiten, als die Indolenz und die geringe Unternehmungslust seiner Bewohner gegenüberstellen, weiss ich nicht; ein Versuch, die Sache anzuregen sollte jedenfalls gemacht werden.

In der Weberei wird den Leuten nicht viel zu rathen und zu helfen sein. Kommen sie nicht zur Einsicht, dass ihr geringer Verdienst zum grossen Theil auf ihrer eigenen Schuld beruht, und vielleicht trägt das Bekanntwerden dieses

Umstandes durch die vorliegende Schrift doch etwas dazu bei, diese Einsicht zu verbreiten, so werden sie stets die Stiefkinder der Markircher Industrie bleiben. Veränderung ihrer Webstühle, namentlich Erbreiterung derselben, würde, wie oben auseinandergesetzt, den Leuten eher Schaden, als Nutzen bringen.

Die Frage, ob sich die Einführung einer anderweitigen Hausindustrie neben der Weberei rentiren würde, bedürfte eingehenden Studiums zu ihrer Beantwortung. Es wäre hier nicht nur die Fähigkeit der Leute, eine neue Fertigkeit zu erlernen und die verwaltungstechnische Möglichkeit der Einführung einer neuen Industrie, sondern vor allem auch die Leichtigkeit der Beschaffung des Rohmaterials, die Absatzfähigkeit der Produkte und der von den Arbeitern zu erzielende Gewinn zu prüfen. Am meisten Aussicht auf Erfolg scheint mir die Einführung der Korbflechterei zu haben. Auch in andern Gegenden sind ja Korbflechtschulen mit guten Resultaten von der Regierung eingerichtet worden, und die örtlichen Verhältnisse liegen insofern hier günstig, als die grossen, wasserreichen Strecken am Eingang des Thales viel Gelegenheit zum Anbau von Weiden bieten. Die Forstverwaltung hat hiermit schon begonnen, und beabsichtigt 18 Hektare auf diese Weise zu bepflanzen. Dieselbe verkauft die Weiden bis jetzt nur für den Zweck des Rebenbindens, aber zu einem verhältnissmässig so hohen Preise, dass die Korbflechterei hierbei nicht bestehen könnte. Auch der Absatz der Produkte scheint mir bis zu einem gewissen Umfange gesichert zu sein. Der Verbrauch an Körben ist, wie oben schon nach dem Bericht des Korbmachers von St. Moritz mitgetheilt worden, zu gewissen Zeiten ein grosser, und die Ausdehnung des Absatzes auf die dem Weilerthal benachbarten Gegenden erscheint nicht unmöglich.

Trotz alledem darf man nicht zu hochgespannte Erwartungen an die Einführung dieser Industrie knüpfen. Erstens glaube ich, dass nur dort auf eine stärkere Betheiligung seitens der Bevölkerung zu rechnen ist, wo dieselbe, wie in Steige, einen gewissen Sinn für derlei Kunstfertigkeiten schon jetzt zeigt, und dass es gerade diese Ortschaften sein werden, welche einer Aufbesserung ihrer Lage am wenigsten bedürfen. Zweitens glaube ich, dass eine bedeutende Aenderung in der Vermögenslage der Weilerthaler auch durch die Korbflechterei nicht zu erzielen sein wird. Denn man sehe sich die Verhältnisse jener Hausindustriellen des hinteren wälschen Weilerthales an. Weder die Schindelmacher noch die Holzschuhmacher befinden sich, trotzdem sie über ein ziemlich weites Absatzgebiet verfügen, in einer Lage, die sich von der der Hausweber wesentlich unterschiede; und es liegt kein Grund vor, dass mit einer künstlich eingeführten bessere Resultate erreicht werden könnten, als mit einer in den dortigen Verhältnissen begründeten, sozusagen naturwüchsigen Industrie.

Mehr vielleicht noch als diese positiven würde wenigstens eine negative Massregel nutzen: die Beschränkung der Judenwirthschaft. Dieser Krebsschaden muss ins Auge gefasst werden, und mögen die Liberalen noch so sehr dagegen lamentiren. Der Weg, auf dem dies Ziel zu erreichen, scheint mir der zu sein. Der Kuhhandel wird gesetzlich unter die Hausirgewerbe gerechnet, zu deren Betrieb eine besondere Erlaubniss seitens der Verwaltungsbehörde zu ertheilen ist. Diese wird angewiesen bei allen Anträgen die grösstmöglichste Sorgfalt in der Prüfung der Persönlichkeit anzuwenden. Es gibt ja Juden, über welche seitens der Bevölkerung nicht geklagt wird, allein im Zweifel darf die Legitimation für den Hausirhandel mit Kühen den Juden nicht ertheilt werden. Um nun aber die so entstehende Lücke in dem Bedürfniss nach Gelegenheit zum Kuhhandel auszufüllen, würde meines Erachtens die auch aus andern Gründen wünschenswerthe Errichtung eines Viehmarktes in Weiler das beste Mittel sein. Schon jetzt gehen Leute, die mit den Juden nichts zu thun haben wollen, aus dem Weilerthal häufig zum Viehmarkt in Saales, und sicherlich würde ein solcher im Mittelpunkt des Thales von Verkäufern und Käufern stark besucht werden. Nur müsste man die Vorsichtsmassregel treffen, dass die Leute, welchen der Hausirhandel mit Rindvieh untersagt ist, auch bei dem Markt in Weiler nicht als Verkäufer, Käufer oder Zwischenhändler auftreten dürfen.

Solche und andere Massregeln kann die Regierung sicherlich mit einiger Aussicht, dadurch die Lage der Hausweber zu verbessern, ergreifen. Allein die Hauptsache bleibt doch stets, dass die Leute selbst sich bemühen, aus ihrer nothdürftigen Lage herauszukommen. Legt eure Stumpfheit, eure Nachlässigkeit und eure Sorglosigkeit ab, und die Regierung eines der blühendsten Länder des deutschen Reiches wird nicht fortwährend nöthig haben Unterstützung auf Unterstützung in euer Thal zu senden; oder wollt ihr für alle Zeiten Empfänger von Almosen sein, die eure Landsleute zahlen müssen?

Tabelle I.
Bevölkeruug des Weilerthales.

	Häuser.	Haushaltungen.	Seelen.	Auf 1 Haus kommen Haushaltungen.	Auf 1 Haus kommen Personen.	Auf 1 Familie kommen Hausgenossen.	Anzahl der Weberfamilien.	Anzahl der Hausgenossen in den Weberfamilien.	Auf 1 Weberfamilie kommen Hausgenossen.	Die Weberfamilien bilden Procent der Haushaltungen.	Die Webergenossen bilden Procent der Bevölkerung.	Differenz der Seelenzahl gegen 1875.
Bassenberg	75	82	331	1,09	4,4	4,0	29	94	3,2	38,6	28,4	— 22
Breitenau .	84	90	438	1,07	5,1	4,8	30	195	5,3	33,3	36,3	— 19
Breitenbach	227	258	1185	1,13	5,2	4,2	28	142	5,1	10,8	12,0	+ 13
Diefenbach .	97	113	494	1,16	4,5	4,3	73	332	4,5	64,6	65,2	— 19
Erlenbach .	190	202	896	1,06	4,7	4,4	9	38	4,2	4,7	4,2	+ 9
Gereuth . .	127	149	689	1,17	5,4	4,6	72	356	4,9	48,3	51,6	+ 30
Grube . .	175	195	869	1,11	4,9	4,4	74	359	4,8	37,4	41,3	— 41
Laach . .	175	197	858	1,12	4,9	4,3	118	564	4,8	59,9	65,7	— 36
Meisengott .	173	195	954	1,12	5,5	4,3	83	428	5,1	42,5	44,8	— 9
Neukirch .	137	149	690	1,08	5,0	4,6	95	463	4,8	63,7	67,1	— 49
St. Martin .	87	105	422	1,20	4,8	4,0	18	85	4,7	17,4	20,1	— 21
St. Moritz .	73	79	365	1,01	5,0	4,6	46	215	4,7	58,2	58,8	— 16
St. Petersholz . .	159	171	790	1,08	4,9	4,7	28	134	4,8	17,6	16,9	+ 3
Steige . .	245	290	1160	1,18	4,8	4,0	99	447	4,5	34,1	38,0	—178
Thannweiler	74	82	360	1,10	4,8	4,4	27	153	5,7	32,9	42,2	— 37
Triembach .	115	125	548	1,15	4,7	4,4	26	133	5.1	20,8	24,2	— 22
Urbeis . .	151	180	747	1,19	4,3	4,1	42	206	4,9	23,3	27,7	— 17
Weiler . .	188	277	1084	1,47	5,7	3,9	26	92	3,5	9,3	8,4	— 46
Canton . .	2552	2939	12880	1,15	5	4,4	923	4436	4,76	31,4	34,5	—477 (=3,5%)
Ohne d. Stadt Weiler .	—	—	—	1,12	4,9	4,6	—	—	4,85	—	—	

Tabelle II.
Durchschnittserträge im Weilerthal.

	Winter-waizen Körner.	Winter-roggen Körner.	Kartoffeln.	Wiesenheu.	Wein-berge.
1879	12,7 Ctr.	9,1 Ctr.	95,5 Ctr.	41,8 Ctr.	8 hl
1880	12,7 „	8,7 „	45,5 „	54,6 „	2,6 „
1881	14,2 „	10,8 „	120,7 „	43,5 „	25,2 „
1882	13,9 „	10,9 „	47,9 „	45,7 „	4,5 „
1883					11,8 „
1884					7.6 „
Durchschnitt	13,4 „	9,6	77,4	46,4	9,1

Tabelle III.
Art der Bodenbenutzung nach den Erhebungen von 1883.

1.	Winterwaizen	431,64 ha
2.	Sommerwaizen	22,70 „
3.	Winterroggen	992,92 „
4.	Sommerroggen	7,00 „
5.	Wintergerste	4,80 „
6.	Sommergerste	24,76 „
7.	Hafer	261,33 „
8.	Buchweizen	3,85 „
9.	Mais	28,00 „
10.	Erbsen	3,37 „
11.	Bohnen	2,65 „
12.	Wicken	40,00 „
13.	Mengefrucht	72,75 „
14.	Mischfrucht	5,00 „
15.	Kartoffeln	1432,85 „
16.	Runkelrüben	34,70 „
17.	Möhren	18,59 „
18.	Weisse Rüben	18,95 „
19.	Kraut, Feldkohl	11,92 „
20.	Andere Hackfrüchte	20,00 „
21.	Winterraps	19,30 „
22.	Sommerraps	2,80 „
23.	Flachs	2,64 „
24.	Hanf	0,40 „
25.	Tabak	0,10 ha
26.	Klee	199,58 „
27.	Luzerne	6,20 „
28.	Esparsette	0,14 „
29.	Grassaat	2,50 „

Insgesammt.

I.	Getreide und Hülsenfrüchte (1—14)	1840,05 ha
II.	Hackfrüchte u. Gemüse (15—20)	1517,49 „
III.	Handelsgewächse (21—25)	25,24 „
IV.	Futterpflanzen (26—29)	208,42 „
V.	Ackerweide	143,25 „
VI.	Brache	53,22 „
VII.	Haus- u. Obstgärten	159,88 „
VIII.	Wiesen	1492,17 „
IX.	Weinberge im Ertrag	110,12 „

Tabelle IV und V.

Vertheilung von Grund- und Hausbesitz.

in	Weberfamilien.	Grundbesitzer.	Fermenpächter.	Grundbesitzlos.	Es pflegen zu lehnen.	Es lehnen nicht.	Hausbesitzer.	Zur Miethe wohnen.	Von den Hausbesitzern haben das Haus gekauft.	geerbt.	gebaut.	Als Fermiers wohnen zur Miethe.	Weder Haus noch Grund haben.
Bassenberg . .	29	25	0	4	3	1	26	3	12	13	1	0	1
Breitenau . .	30	25	0	5	5	0	22	8	11	8	3	0	4
Breitenbach .	28	24	0	4	3	1	20	8				0	4
Diefenbach . .	73	63	0	10	7	3	58	15	29	24	5	0	7
Erlenbach . .	9	6	0	3	1	2	7	2				0	4
Gereuth . . .	72	56	0	16	16	0	58	14	41	12	5	0	5
Grube	74	55	2	17	5	12	56	16	23	25	8	2	12
Laach	118	94	1	23	20	3	94	22				2	15
Meisengott . .	83	69	2	12	9	3	67	14	38	25	4	2	8
Neukirch . .	95	90	0	5	2	3	81	14				0	11
St. Martin . .	18	17	0	1	1	0	16	2				0	1
St. Moritz . .	46	42	0	4	3	1	36	10				0	3
St. Petersholz .	28	23	1	4	4	0	22	5				1	2
Steige	99	79	2	18	11	7	75	22				2	10
Thannweiler .	27	18	0	9	7	2	20	7	12	8		0	5
Triembach . .	26	21	0	5	4	1	20	6	12	7	1	0	4
Urbeis . . .	42	35	2	5	5	0	36	4	15	18	3	2	2
Weiler . . .	26	9	0	17	5	12	15	11	8	7		0	11
Canton . . .	923	751	10	162	111	51	729	183				11	109

Tabelle VI.

Viehstand im Weilerthal.

	Nach der Viehzählung von 1883							Nach eigener Aufnahme.
	Pferde.	Rindvieh.	Schweine.	Zuchtsauen.	Ziegen.	Schafe.	Bienenstöcke.	Zuchtstiere.
Bassenberg.	4	133	52	1	9	1	22	—
Breitenau	1	157	48	2	40	6	12	1
Breitenbach	3	435	137	10	80	5	77	4
Diefenbach.	—	190	29	3	—	1	14	2
Erlenbach .	2	328	83	1	45	13	52	5
Gereuth . .	6	213	93	5	26	—	12	2
Grube . .	1	333	126	13	115	—	46	2
Laach . .	2	253	75	4	213	6	96	1
Meisengott .	3	328	133	1	51	3	65	2
Neukirch .	1	298	40	1	21	3	13	1
St. Martin .	1	117	25	—	18	—	16	1
St. Moritz .	3	120	34	—	3	—	23	1
St. Petersholz	12	341	44	1	15	—	49	1
Steige . .	5	335	83	3	67	20	57	3
Thannweiler	14	128	26	—	1	—	7	1
Triembach .	2	196	45	—	12	4	27	1
Urbeis . .	1	358	114	19	167	21	74	2
Weiler . .	35	174	75	—	23	4	7	—
Summe	96	4437	1262	64	906	87	669	30

Tabelle VII.

Gewerbe im Weilerthal.

	Bäcker.	Krämer.	Wirthschaften.	Mehlmühlen.	Oelmühlen.	Küfer.	Schreiner.	Drechsler.	Schneider.	Näherinnen.	Schuster.	Sattler.	Schmiede.	Schlosser.	Wagner.	Zimmerer.	Maurer.	Schornsteinfeger.	Barbiere.	Hebammen.	Leineweber.	Holzschuhmacher.	Schindelmacher.	Hottenmacher.	Besenmacher.	Sägemühlen.	Ziegeleien.	Korbmacher.	Stöckemacher.	Summa.
Bassenberg	1	2	2	1	1	1	2	–	1	2	—	—	1	—	—	—	5	1	2	—	4	3		—	2	—	—	—	—	31
Breitenau .	1	1	2	—	—	—	—	—	—	—	—	—	—	1	—	—	2	—	—	—	—	5	7	—	—	1	—	—	—	20
Breitenbach	2	3	4	1	1	5	3	2	5	8	4	—	1	—	2	4	5	1	2	1	3	7	—	12	3	1	—	—	—	80
Erlenbach .	1	4	2	—	—	2	3	—	1	3	2	—	2	—	—	1	3	1	3	1	—	1	—	–	–	—	—	—	–	30
Diefenbach.	2	2	2	—	—	—	—	—	—	1	1	—	—	—	1	—	2	—	3	—	1	1	—	—	—	—	—	—	—	16
Gereuth . .	1	4	2	—	—	—	2	—	1	3	2	—	1	—	—	—	1	—	1	—	—	1	—	1	–	—	—	1	—	21
Grube . .	1	2	2	1	1	1	1	—	2	5	3	—	3	1	—	2	1	—	1	1	4	20	4	—	2	2	–	—	2	62
Laach . .	2	3	4	1	—	—	2	—	2	2	—	—	—	—	—	1	5	2	2	1	—	8	2	2	5	—	—	—	—	44
St. Martin .	—	1	1	—	—	1	2	—	2	1	1	—	—	—	—	—	2	—	1	—	1	1	—	—	—	1	1	—	—	16
Meisengott .	1	4	4	—	—	3	3	1	1	4	2	—	3	—	—	2	2	1	2	—	1	4	—	2	—	—	—	—	—	40
St. Moritz .	2	2	2	2	1	—	3	—	—	1	1	—	—	—	—	—	—	—	2	—	—	1	—	—	—	—	—	1	—	18
Neukirch .	2	1	2	—	—	—	1	—	1	4	1	—	1	—	1	—	2	1	2	—	1	1	—	—	—	—	—	—	—	21
St. Petersholz	1	3	4	—	—	1	1	—	2	4	1	—	2	—	1	—	2	—	2	—	—	1	—	—	—	—	—	—	—	25
Steige . .	4	6	5	1	1	1	3	2	2	7	3	1	2	—	2	2	3	1	2	1	—	3	1	2	—	2	1	—	—	58
Thannweiler	1	4	1	—	—	—	2	—	—	2	1	—	1	—	—	—	3	1	1	—	—	—	—	—	—	—	—	—	—	17
Triembach .	—	1	2	—	—	2	4	1	3	3	3	—	3	—	1	2	—	—	2	1	—	1	—	—	—	—	—	—	—	29
Urbeis . .	1	3	6	2	—	—	1	—	—	2	1	—	1	1	—	1	1	—	—	1	—	15	20	—	—	2	—	—	—	58
	23	46	47	9	5	17	33	6	23	52	26	1	21	3	8	15	39	9	28	7	15	73	34	19	12	9	2	2	2	586

Tabelle VIII.

Aufenthaltsort der Aussenkinder.

	Heimatsort.			Weilerthal			Elsass			Frankreich			Amerika			Sonst			Summe		
	Männer	Weiber	Zusammen	Männer	Weiber	Zusammen	Männer	Weiber	Zusammen	Männer	Weiber	Zusammen	Männer	Weiber	Zusammen	Männer	Weiber	Zusammen	Männer	Weiber	Zusammen
Bassenberg . . .	1	—	1	1	3	4	2	5	7	5	4	9	—	—	—	—	—	—	9	12	21
Breitenau . . .	4	1	5	—	4	4	1	4	5	5	3	8	—	—	—	—	—	—	10	12	22
Breitenbach . . .	3	4	7	1	2	3	6	5	11	4	1	5	—	—	—	—	—	—	14	12	26
Diefenbach . . .	7	6	13	1	2	3	4	11	15	3	5	8	5	3	8	1 (Hannover)	—	1	21	27	48
Erlenbach . . .	2	—	2	1	—	1	—	2	2	1	—	1	—	—	—	—	—	—	4	2	6
Gereuth	3	9	12	—	—	—	8	11	19	14	3	17	1	—	1	1 (Baden)	—	1	27	23	50
Grube	5	9	14	3	1	4	4	11	15	12	10	22	—	—	—	—	—	—	24	31	55
Laach	25	26	51	3	7	10	7	3	10	11	13	24	1	—	1	—	—	—	47	49	96
Meisengott . . .	11	12	23	7	4	11	9	14	23	10	8	18	1	—	1	1 (Hannover)	—	1	39	38	77
St. Martin . . .	1	—	1	3	2	5	3	1	4	1	1	2	1	—	1	—	—	—	9	4	13
St. Moritz . . .	4	3	7	1	1	2	2	10	12	4	3	7	5	1	6	—	—	—	16	18	34
Neukirch	13	6	19	—	5	5	11	10	21	11	3	14	—	1	1	1 (Baden)	—	1	36	25	61
St. Petersholz . .	1	1	2	—	2	2	6	9	15	2	1	3	5	1	6	—	—	—	14	14	28
Steige	7	9	16	1	—	1	5	3	8	16	17	33	4	1	5	—	1 (Oestreich)	1	33	31	64
Thannweiler . . .	3	2	5	2	1	3	7	13	20	1	—	1	1	—	1	—	—	—	14	16	30
Triembach . . .	1	1	2	—	1	1	7	9	16	9	3	12	—	—	—	2 (Unbekannt)	—	2	19	14	33
Urbeis	4	4	8	—	2	2	2	3	5	3	5	8	—	—	—	—	—	—	9	14	23
Weiler	2	—	2	1	—	1	2	—	2	2	5	7	—	—	—	—	—	—	7	5	12
Summe	97	93	190	25	37	62	86	124	210	114	85	199	24	7	31	6	1	7	352	347	699

Tabelle IX. Beruf der Aussenkinder.

I. Männer.

	Ort		Thal		Elsass		Frank-reich		Ort, Thal und Elsass	Ge-sammt-summe
Weber	63		9		12		16		84	100
Landleute . . .	14		10		40		13		64	77
Bauern		13		9						
Hirten		1		1						
Handwerker . . .	12		3		13		18		28	46
Bäcker		2		1		5		5		
Schmiede . . .		1				4		3		
Maurer		2				1				
Zimmerer . . .		2								
Schuster . . .		1		1				3		
Holzschuhmacher		2								
Schneider . . .								2		
Wagner . . .								1		
Schreiner . . .				1				1		
Seiler						1				
Küfer		1				1		1		
Weissblecher .								1		
Brauer								1		
Sägemüller . .		1								
Maler						1				
Tagelöhner . . .	7		2		4		—		13	13
Bedienungsberufe .	—		—		6		14		6	20
Dienstboten . .						3		6		
Kutscher . . .								1		
Portiers . . .						2				
Laufburschen .								1		
Kellner								3		
Barbiere . . .								2		
Ladendiener . .						1		1		
Beamte	1		1		11		8		13	21
Eisenbahnbeamte						8		4		
Briefboten . .		1		1						
Zollbeamte . .								3		
Stadtpolizisten .								1		
Schreiber . . .						3				
Schulbrüder . . .							16			16
Ohne Angabe . .							29			29
Summe	97		25		86		114		208	322

II. Weiber.

	Dienende	Verheirathete
Ort	5	88
Thal	19	18
Elsass . . .	82	42
Frankreich .	56	29
Amerika . .	4	29
Sonst . . .	1	
Summa	176	180

MIX
Papier | Fördert gute Waldnutzung
FSC® C083411

Kolibri 360 GmbH
Ferdinand-Jühlke-Straße 7
99095 Erfurt, Deutschland
produktsicherheit@kolibri360.de